Uwe Birnstein

KATHOLISCH?
N E V E R !

Warum Katholiken überflüssig und Evangelische die wahren Christen sind

Pattloch

Bibliografische Information: Deutsche Nationalbibliothek
Die Deutsche Nationalbibliothek verzeichnet diese
Publikation in der Deutschen Nationalbibliografie;
detaillierte bibliografische Daten sind im Internet über
http://dnb.d-nb.de abrufbar.

© 2010 Pattloch Verlag GmbH & Co. KG, München
Umschlaggestaltung: ZERO Werbeagentur, München
Satz und Gestaltung: Daniela Schulz, Stockdorf
Druck und Bindung: GGP Media GmbH, Pößneck
Printed in Germany

ISBN 978-3-629-02234-9

Bitte besuchen Sie uns im Internet:
www.pattloch.de

2   4   5   3   1

Inhalt

Ach, ihr Katholiken!

Ohne Ökumene geht es nicht – so weit besteht Einigkeit zwischen uns Protestanten und euch Katholiken. Doch was uns trennt, sollte nicht unter den Teppich gekehrt werden. Um also – werte katholische Christen – die Stimmung gleich ein wenig anzuheizen, wende ich mich zunächst den Irrtümern zu, denen ihr Katholiken anhängt.

Erst die Werke, dann die Gnade

»Wie finde ich einen gnädigen Gott?« Die Frage, die Martin Luther vor knapp 500 Jahren in seiner Klosterzelle schier verzweifeln ließ, klingt alt, ist aber noch immer aktuell. Modern formuliert lautet sie so: Ich racker mich ab, leiste viel, mache und tue – und fühle mich dennoch ständig ungenügend. Ich opfere meine Zeit, meinen Einsatz, meine Kraft für andere – und nichts kommt zurück. Ich gebe mir Mühe, eine gute Mutter, ein interessanter Partner, ein hilfreicher Mensch zu sein – und spüre Leere und Schuld. Ich tue gute Werke, bete und beichte, gehe regelmäßig zur Kirche – aber Gott bleibt mir seltsam fremd.
Wer so spricht und fühlt, stammt höchstwahrscheinlich aus katholischer Tradition. Katholisch sein bedeutet: »Ich möchte an den gnädigen Gott glauben. Aber ich trau mich nicht.« Vielen Menschen fällt es schwer, sich beschenken zu lassen. Auch wir Evangelische tun uns hart damit. Aber die Botschaft des sich ohne Gegenleistung verschenkenden Gottes fällt bei uns auf fruchtbaren Boden. Die Entlastung kommt an. Evangelische können den eigenen Ängsten ins Auge blicken. Nur »erschrockene Gewissen« können den Glauben verstehen, waren die Reformatoren überzeugt. »Aus tiefer Not schrei ich zu dir«, sangen sie und fragten: »Wer kann, Herr, vor dir bleiben?« Martin Luthers Antwort trifft bis heute ins Herz:

Bei dir gilt nichts denn Gnad und Gunst,
die Sünde zu vergeben
es ist doch unser Tun umsonst
auch in dem besten Leben.
Darum auf Gott will hoffen ich
auf mein Verdienst nicht bauen.

Katholiken bleibt diese Glaubenserfahrung der geschenkten Liebe bedauerlicherweise fremd. Der Begriff Werkgerechtigkeit ist ein Schlagwort, er lässt sich trefflich besser umschreiben: Katholiken haben nicht gelernt, dass sie ohne Befolgung ihrer Kirchenrituale und ohne das Vollbringen guter Werke von Gott geliebt sind. Sie kommen mir vor wie Petrus. Vom Schiff aus sah er Jesus auf dem Wasser gehen und möchte dasselbe tun. »Komm her«, macht Jesus ihm Mut. Ein paar Schritte schafft Petrus, dann siegt die Angst, und Jesus muss ihn retten. »Du Kleingläubiger«, schüttelt er den Kopf, »warum hast du gezweifelt?« Hätte Karl Valentin diese Szene nachgespielt, hätte er Petrus an dieser Stelle sagen lassen: »Mögen hätten wir schon gewollt, aber dürfen haben wir uns nicht getraut.«

Katholizismus als kleingläubige Spielart des Christentums. Sie zweifeln daran, dass sie alleine gehen können. Als Symbol und Zentrum haben sie sich Petrus gewählt, ausgerechnet jenen Jünger, der aus Angst versinkt. Diese Ehrlichkeit rührt mich. Andererseits machen sie aus diesem Petrus einen Mächtigen, der die göttliche Lizenz zum Binden und Befreien hat. Welch Tragik spielt sich da ab in der katholischen Seele: Die eigene Hilflosigkeit kann sie nicht ertragen, also stilisiert sie sie zur Übermacht. Statt mutig in Jesu Arme zu gehen, ziehen sich Katholiken ins Schneckenhaus kirchlicher Gesetze und Vorschriften oder unter den Mantel einer imaginären Himmelskönigin zurück. Ihr anfänglicher Glaubensmut verpufft in Reglementierungen. Ihre Spiritualität führt sie in die Regression, in einen kindlich-naiven Glauben, in dem die eigene spirituelle Entwicklung vom warmen

Mutterschoß kaltgestellt wird. »Maria wird's richten. Die Kirche wird's richten. Du erfülle deine katholischen Pflichten und schweig stille. Und versuch bloß nicht, direkt mit Gott in Kontakt zu treten. Wenn es sein muss, bitte die Heiligen um Fürsprache. Und wenn du Schuld loswerden möchtest, beichte es deinem Priester! Wir sorgen für dich, sei getrost!«

Selber glauben ist anstrengend. Mit einem ausgeklügelten System der religiösen Abhängigkeit versucht die katholische Kirche, ihre Gläubigen im Zustand des Kleinglaubens zu halten. Christlicher Glaube wird zum Machtspiel. Die Trümpfe, die die katholische Kirche ausspielt, sind wirksam und fechten bisweilen sogar uns Evangelische an. Theodor Fontane hat darum gewusst, als er seine Romanfigur Effi Briest beschrieb:

Effi war fest protestantisch erzogen und würde sehr erschrocken gewesen sein, wenn man an und in ihr was Katholisches entdeckt hätte; trotzdem glaubte sie, dass der Katholizismus uns gegen solche Dinge >wie da oben< besser schütze.

Die katholische Kirche spielt mit der Angst der Menschen. »Da oben« könnte uns ja am Ende etwas gar Schlimmes erwarten: das Fegefeuer! Höllische Strafen!

Die Schlüssel für dieses »da oben«, so will die katholische Kirche bis heute glauben machen, besitze allein sie. Es sind dieselben wie vor fünfhundert Jahren: Absolution und Ablass. Damit meint die Kirche den »Nachlass zeitlicher Strafe vor Gott für Sünden, deren Schuld schon getilgt ist«, erklärt der »Codex Iuris Canonici«, das Gesetzbuch der katholischen Kirche. Weiter heißt es darin: »Jeder Gläubige kann Teilablässe oder vollkommene Ablässe für sich selbst gewinnen oder fürbittweise Verstorbenen zuwenden.« Ablass funktioniert, indem der Gläubige »die auferlegten Werke ... in der festgesetzten Zeit und in der gebotenen Weise erfüllt«. Ein

besonders deutlicher Beleg für katholische Werkgerechtigkeit. Erst die Werke, dann die Gnade. Das ist die Lehre Jesu
auf den Kopf gestellt.

»Auf den Glauben folgen die Werke, gleich wie der Schatten
dem Leibe folgt«, beschrieb Martin Luther die biblische Auffassung des Verhältnisses von Glaube und Werken. Mit keinem guten Werk kann man Gottes Gnade erzwingen. Die
gibt es gratis. Eine Grundeinsicht, die Luther nicht entwickelt, sondern in der Bibel gefunden hat. »Der Gerechte wird
aus Glauben leben«, sagt der Apostel Paulus im Römerbrief.
Allein der Glauben reicht: Sola fide! Luthers Lehre von der
Rechtfertigung des Sünders hat die Christenheit vor 500
Jahren zur Quelle zurückgeführt. Die katholische Kirche hat
seitdem offensichtlich nur eines widerwillig gelernt: Ablässe
gegen Geld zu verkaufen übersteigt die Grenzen des religiösen Anstands. Ansonsten: business as usual. Siehe »Codex
Iuris Canonici«, siehe katholischer Katechismus. Angst ist
Trumpf. Durch Ablässe – also durch Werke – können Gläubige sogar noch im Totenreich Gutes tun: »Dadurch werden
den Verstorbenen im Purgatorium für ihre Sünden geschul-
dete zeitliche Strafen erlassen.«

Die Kirche gebärdet sich dabei als die große Umverteilerin:
Sie verwaltet »den Schatz der Verdienste Christi und der
Heiligen«; sobald ein reuiger Sünder um Ablass bittet, greift
sie in ihre Schatzkiste, »damit er vom Vater der Barmherzig-
keit den Erlass der für seine Sünden geschuldeten zeitlichen
Strafen erlangt«. Wer ist denn bitte schön der »Vater der
Barmherzigkeit«: Gott? Der Papst? Fest steht: Ohne die Kir-
che kein Heil und keine Sündenvergebung.

Mit diesem Satz bin selbst ich der Versuchung katholischen
Denkens aufgesessen. Das hätten die Katholiken gerne, dass
man den Begriff »Kirche« mit der römisch-katholischen Kirche gleichsetzt! Nach evangelischer Sicht ist die Kirche größer und einfacher zugleich: »Das genügt zur wahren Einheit
der christlichen Kirche, dass das Evangelium einträchtig im
reinen Verständnis gepredigt und die Sakramente dem gött-

lichen Wort gemäß gereicht werden.« So haben wir Evangelischen es 1530 im »Augsburger Bekenntnis« zeitlos und evangeliumsgemäß formuliert.

Die Einheit der Kirche ist leicht herzustellen. Wir laden ein zur bunten Vielfalt im Garten Gottes, einem respektvollen Miteinander unterschiedlicher Kirchen und Lebensformen. Einzige Bedingung für das friedliche Zusammenleben: Niemand behaupte, die gottgefälligere Kirche zu sein. Genau das aber fällt der katholischen Kirche bekanntlich schwer.

Denn der Katholizismus hat ein Problem: Er weiß zwar, wo er herkommt. Er weiß aber nicht, wo er hin will. Die Verheißung von Sicherheit durch eine zentralistische Kirche mag vom Frühmittelalter bis zur Moderne ein Programm gewesen sein. Aber in der globalisierten Welt suchen die Menschen etwas anderes. Sie sind der Patentrezepte und Bevormundungen überdrüssig. Sie suchen Freiheit. Respekt. Netzwerk. Gemeinschaft. Die katholische Kirche bietet das nicht. Sie verzettelt sich in autoritär gelösten Machtfragen: Holocaustleugner werden in die Kirche aufgenommen. Kondome bleiben trotz Aids verboten. Die lateinische Messe wird wieder eingeführt. Laien werden bevormundet. Selbst das freundliche Lächeln des bayerischen Papstes kann nicht darüber hinwegtäuschen: Die katholische Kirche verhilft nicht der Liebe an die Macht, sondern sie liebt die Macht. Und übt sie oft ohne Rücksicht auf Verluste aus. Wer kann diesem Gewicht schon standhalten?

Es steht ernst um den Katholizismus. Darüber können auch schmissige Buchtitel nicht hinwegtäuschen: »Katholisch und trotzdem gut drauf« oder »Es ist schön, Christ zu sein – und noch viel schöner katholisch«. Humor ist der Narren letzte Hoffnung. Mit Humor kennen Katholiken sich aus:

Fünfundneunzig Thesen,
die sind uns viel zu viel.
Wir brauchen hundert Tresen
und 'nen Tisch zum Kartenspiel

singt der rheinische Kabarettist Jürgen Becker. Liebe Katholiken, gerne spielen wir auch mal mit euch Karten. Und zeigen euch: Lachen kann man nicht nur, wenn man am Abgrund steht. Es kommt auf die Mischung an. Nur wer um das Wesentliche des Glaubens weiß, kann wirklich aus ganzem Herzen fröhlich sein. So wie der niederrheinische Kabarettist Hanns Dieter Hüsch (†) es aus evangelischer Gesinnung in Worte fasste:

Ich bin vergnügt
*   erlöst*
*   befreit*
Gott nahm in seine Hände
Meine Zeit
Mein Fühlen Denken
Hören Sagen
Mein Triumphieren
Und Verzagen
Das Elend
Und die Zärtlichkeit.

Das ist der Unterschied: Katholiken feiern Karneval. Evangelische freuen sich des Lebens.
Katholiken sündigen, weil sie sich der Absolution sicher sein können. Evangelische denken nach – und verzichten lieber auf eine Sünde zu viel. Denn sie wissen: Auch Christen kann das Lachen im Halse stecken bleiben.
Bei alldem sei zugegeben: Auch innerhalb der katholischen Kirche gibt es unterschiedliche Strömungen. Das Panorama ist breit und reicht vom rechten Rand (»Opus Dei«, »Piusbrüder«) bis zu liberalen Laienorganisationen. Sie alle sind dem Papst verbunden – besser gesagt: an den Papst gebunden, der mit seiner unmittelbaren Machtfülle die Weichen stellt und Gehorsam einfordert.
Vereint sind sie alle auch in ihrer Ablehnung evangelischer Frömmigkeit. Das hat schon Johann Wolfgang von Goethe

erkannt: »Die Katholiken vertragen sich unter sich nicht, aber sie halten immer zusammen, wenn es gegen einen Protestanten geht. Sie sind einer Meute Hunde gleich, die sich untereinander beißen, aber sobald sich ein Hirsch zeigt, sogleich einig sind und in Masse auf ihn losgehen.«
Bange machen gilt nicht, weder durch Hunde noch durch Fegefeuer. Wir lassen uns das Röhren nicht verbieten:

Und wenn die Welt voll Teufel wär
und wollt uns gar verschlingen,
so fürchten wir uns nicht so sehr,
es soll uns doch gelingen!

Solus Katechismus

Unsere Welt wirkt heute so unübersichtlich. Was sollen wir glauben? Was sollen wir tun? Da gibt es mehr als nur eine mögliche Antwort. Das war früher nicht anders; die Sehnsucht nach klaren Verhältnissen ist schon sehr alt. Dem Wunsch nach Eindeutigkeit entspringt auch der »Katechismus der Katholischen Kirche«. In seiner deutschen Ausgabe 824 Seiten stark. »Gott ist in sich unendlich vollkommen und glücklich«, lautet der erste Satz des Prologs. Klingt erst mal prima. Freundlich. Einen glücklichen Gott kennt man sonst nur in fernöstlichen Religionen, etwa in Form eines mild lächelnden Buddhas. Chapeau!
Den geneigten Leser lässt dieser Einstieg dennoch etwas ratlos zurück. Beginnt ein Autor ein Buch so und will über 800 Seiten hinweg die Spannung halten, hat er Großes vor sich. Da schwant nicht nur dem Kirchenkenner Dramatisches.
Im Prinzip sind zwei Varianten möglich, wie das so begonnene Buch weitergeführt wird. Variante A: Der glückliche Gott hat den Menschen erschaffen; nur leider hat der die ihm geschenkte Freiheit schändlich missbraucht, an verbotenen Früchten genascht und auf diese Weise dafür gesorgt, dass

sich in das göttliche Glück Gottes Zorn, Wut und Nerverei gemischt haben. Das gilt es abzustellen oder auszumerzen. Variante B: Gott kann seinen Glückszustand nur halten, indem er gar nicht mehr genau hinsieht, was da in seiner Schöpfung geschieht. Gott macht es Unzähligen vom Leben und den Mitmenschen Enttäuschten gleich und geht in die innere Emigration. Was durchaus nachvollziehbar wäre.

Alles ist offen also in diesem Monumentalwerk. Nicht nur das: Der Einstieg verheißt allerhöchste Lesefreuden. Offensichtlich traut sich hier ein Mensch, über das Glück Gottes zu räsonieren, und offenbart sich damit als kreativer Freigeist. Offensichtlich tut er es überdies mit feinem Humor. »Prolog« heißt der Bucheinstieg – nur gänzlich Ungebildete werden die Parallele zum Prolog des Johannesevangeliums übersehen, das beginnt: »Im Anfang war das Wort, und das Wort war bei Gott, und Gott war das Wort.« Und nun, feinsinnig paraphrasiert: Im Anfang war der glückliche Gott. Grandios.

Beginnt ein Buch dermaßen verheißungsvoll, lohnt es sich auch, Zeit für das Lesen des Vorwortes zu opfern, das dem Prolog vorangestellt ist. Womöglich will der Autor seinen Lesern wichtige Dinge mitteilen, ein Fundament zum Verstehen des aus Worten und Gedanken bestehenden Hauses legen, damit es nicht auf Sand gebaut ist? Womöglich will er Biographisches von sich selbst preisgeben und so dem Leser ermöglichen, den Plot im Leben des Autors so verorten zu können, dass schwer verständliche Wendungen nicht ganz und gar unsinnig erscheinen? Also frohgemut sechs Seiten zurückgeblättert.

»Apostolische Konstitution ›Fidei Depositum‹« steht in Versalien über der Einleitung, deren Verfasser sich als »Bischof Johannes Paul II., Diener der Diener Gottes« vorstellt. Das klingt mysteriös. Wären die Buchstaben nicht unerwartet groß, könnte man meinen, hier walte tatsächlich dienende Demut. Die Anrede an die Leser macht stutzig. »An die ehrwürdigen Brüder Kardinäle, Erzbischöfe und Bischöfe, Priester und Diakone und an alle Glieder des Volkes Gottes.« Seltsam. Soll das Humor sein oder ist's ernst gemeint? Warum so viele kirchliche Berufe nennen – wenn doch alle Glieder des Volkes Gottes gemeint sind? Oder meint der Satz, dass die herausgestellten Angeredeten nicht Glieder des Volkes Gottes sind? Werden sie aus diesem Grund extra aufgeführt? Das hätte wahrlich schon wieder einen genial sarkastischen Unterton. Auch weil ausschließlich Männer aus dem »Volke Gottes« extrahiert worden wären.

Dann weiht Verfasser Johannes Paul II. seine Leser in die Entstehungsgeschichte des Buches ein: »Der Herr hat seiner Kirche die Aufgabe anvertraut, das Glaubensgut zu hüten, und sie erfüllt diese Aufgabe zu allen Zeiten.« Der ursprünglich, wie wir bereits wissen, zeitlos glückliche Gott hat also verfügt, eine menschliche Institution – die Kirche – solle seine Lehren, seine Weisheit, seine Gebote, seinen Wunsch und Willen in Worte fassen und zu Papier bringen. Was hiermit geschehen sei. Der vorliegende Katechismus sei eine »sichere Norm für die Lehre des Glaubens«, liest der noch vor Minuten sehr geneigte Leser und sieht die Vorfreude aufs Lesen arg gedämpft.

Dieses Buch ist ernst gemeint. Durch und durch. Auch ist ernst gemeint, dass sich der anfangs als Bischof vorgestellte Johannes Paul II. vier Seiten später als »Nachfolger Petri« bezeichnet. Auch ist ernst gemeint, dass er im Schlussakkord der Einleitung die »allerseligste Jungfrau Maria, die Mutter des menschgewordenen Wortes und Mutter der Kirche«, bittet, sie möge »mit ihrer mächtigen Fürbitte den katechetischen Dienst der gesamten Kirche auf allen Ebenen in dieser Zeit« unterstützen.

Schluss mit lustig. Das ist der volle Ernst.
Schluss mit leicht. Das ist schwere Kost.
Schluss mit Kreativität. Das ist Lehre.
Die wahre Lehre.
Ich gestehe: Angesichts dieses Begriffes kostet es Mühe, die Vorlage zum naheliegenden Wortspiel ungenutzt zu lassen.

»Wahre Leere« – das wäre unter Niveau, erst recht für einen
evangelischen Christen. Jesus hat nie diffamiert, hat Anders-
gläubige nie herablassend behandelt. Natürlich hat die katholische Lehre auch nichts mit Leere zu tun. Die 824 Seiten
des Katechismus sind ja prall gefüllt. Da werden das Glaubensbekenntnis und die »Feier des christlichen Mysteriums«
erklärt, »die sieben Sakramente der Kirche« und »das Leben in Christus«, schließlich auch die Zehn Gebote und das
christliche Gebet. Das Register listet von »Aberglaube« bis
»Zweifel« so ziemlich alles auf, was Katholiken wichtig zwischen Himmel und Erde ist – pardon: sein sollte. Denn wer
kennt oder hält sich schon die 2865 durchnummerierten Abschnitte, die mehr Anweisungen als Weisheiten von sich
geben?

Nein, leere Lehre kann man dem katholischen Katechismus
wahrlich nicht unterstellen. Er steckt voller Prinzipien. Da
bleibt nichts der Phantasie oder dem Zufall überlassen.

Das Buchkonzept gibt die Richtung und die Wertigkeit vor,
vor lauter Selbstverständlichkeit entgeht dem flüchtigen Be-
trachter fast: Nicht die Bibel steht hier an erster Stelle, sondern das Glaubensbekenntnis – also das Ergebnis eines Theo-
logenstreits um rechte Lehre und Irrglaube, das im Jahr 325
festgeschrieben wurde. Das Vaterunser, einer der ursprüng-
lichen Texte Jesu von Nazareth, biblischer geht's nimmer,
steht am Ende. Sollte Gott etwa durch einen menschlichen
Bekenntnistext glücklicher gestimmt werden als durch ein
einfaches biblisches Gebet?

Auch ein Blick auf die Seitenumfänge ist erhellend. Das
Vaterunser: 25 Seiten. Das Glaubensbekenntnis: 256 Seiten.
Ziemlich genau zehnmal so viel. Und zwischen Anfang und
Ende: Zitate von Kirchenvätern, ja, auch einige aus der Bi-
bel, theologische Begründungen von Dingen wie Marienver-
ehrung, Firmungssakrament, Zölibat – allesamt menschliche
Traditionen, von denen nichts in der Bibel steht.

Nun müsste man die Bibel nicht höher schätzen als andere
Bücher oder menschliche Gesetze und Riten – wenn man

sich nicht Christ und die eigene Organisation Kirche nennen würde. Im vorliegenden Fall liegt der Fall bekanntlich anders. Wie befremdlich – um es vorsichtig auszudrücken –, dass eine Kirche eine Zusammenfassung des Glaubens schreibt und ihm quasi göttliche Weihen verleiht, in dem die Bibel erst am Ende vorkommt. »Sola scriptura« – allein die Schrift soll gelten: Im 16. Jahrhundert hat die Reformation diesen schlagwortartigen Begriff geprägt. Allein die Schrift reicht, um zu wissen, zu glauben und zu verstehen, worum es im Glauben und im Menschsein geht. Allein »die Schrift« – die Bibel also. Die Reformatoren, Martin Luther allen voran, haben diese eigentlich selbstverständliche Autorität der Bibel gegen die Widerstände der damaligen Kirche wieder ins Bewusstsein rücken müssen. »Heilige Schrift« wird sie auch in der katholischen Kirche bis heute genannt. Mit großer Show wird sie über den Köpfen der Priester und Gemeinde in den Gottesdienst getragen. Inbrünstig wird sie während des Gottesdienstes geküsst. Wie passt das zusammen mit dem kümmerlichen Dasein, das sie im Katechismus fristet?

Psychotherapeuten, die Seelenkundigen unserer Tage, schildern einen abgrundtiefen Zusammenhang von Liebesbekundung und Beziehungsunfähigkeit: Allzu häufige, allzu penetrante Liebesbekundungen können auf eine besonders subtile Form der Distanz oder Verachtung hinweisen. Könnte diese Beobachtung aus dem zwischenmenschlichen Bereich bei der Erhellung des geschilderten Katholikenphänomens helfen? Oder ist es unzulässige Übertragung psychologischer Erkenntnisse auf das Gebiet des Glaubens?

Wie auch immer man diese Frage beantworten mag: Wer nicht die Bibel in den Mittelpunkt des christlichen Glaubens stellt, öffnet der theologischen Willkür Tür und Tor. »Ich glaube, dass die Bibel allein die Antwort auf alle unsere Fragen ist und dass wir nur anhaltend und demütig zu fragen brauchen, um die Antwort von ihr zu bekommen.« Das sagte einer, der für seinen Glauben und seine Mitmenschlichkeit großes Leid auf sich nahm: der evangelische Theologe

Dietrich Bonhoeffer, der kurz vor Kriegsende von den Nazis hingerichtet wurde. Wer demütig fragt, findet die Antworten in der Bibel. Sola scriptura – allein die Bibel reicht! Dieses reformatorische Prinzip hat sich Bonhoeffer zu eigen gemacht.

Unablässig kritisierte er Christen, die leichtfertig Gott instrumentalisieren. »Man versucht, der mündig gewordenen Welt zu beweisen, dass sie ohne den Vormund ›Gott‹ nicht leben könne«, meinte Bonhoeffer. Mit der Bibel in der Hand schlug er vor, angesichts des inflationären Gebrauchs des Begriffes »Gott« einige Zeit auf dessen Nennung zu verzichten. Ob denn die Christen überhaupt »religiös« reden müssten, fragt er, »wie sprechen wir von Gott – ohne Religion, das heißt eben ohne die zeitbedingten Voraussetzungen der Metaphysik, der Innerlichkeit und so weiter? Wie sprechen (oder vielleicht kann man aber nicht einmal mehr davon ›sprechen‹ wie bisher) wir ›weltlich‹ von ›Gott‹, wie sind wir ›religionslos-weltlich‹ Christen, wie sind wir εκ-κλησία, Herausgerufene, ohne uns religiös als Bevorzugte zu verstehen, sondern vielmehr als ganz zur Welt Gehörige?« So können nur Menschen denken, die die evangelische Freiheit des Glaubens erfahren haben.

Bonhoeffers leider fragmentarisch gebliebene Ideen bieten ein kühnes Gegenmodell zum umfangreichen katholischen Katechismus. Der fordert von Christen, sich als religiös bevorzugt zu verstehen. Und offenbart die Tragik der Katholiken: Sie tappen in die Religionsfalle. Gott im Mund zu führen, seine Gebote zu formulieren und über seine Allmacht zu sinnieren muss nichts mit dem Glauben zu tun haben. Im Gegenteil: Es kann Menschen sogar vom Glauben wegführen. »Es werden nicht alle, die zu mir sagen: ›Herr, Herr!‹, in das Himmelreich kommen, sondern die den Willen tun meines Vaters im Himmel.« Der Wille Gottes lässt sich nicht 824 Seiten lang in Worte fassen. Um ihn zu erkunden, genügt die Bibel.

Ein Fels, auf dem alles ruht

Dankenswerterweise hat die katholische Kirche bemerkt, dass es selbst für glaubensbereite Katholiken eine zu große Herausforderung sein könnte, sich durch 824 Seiten Lehre durchzuarbeiten. Also veröffentlichte sie 2005 ein Kompendium des Katechismus. 256 Seiten Glaube kompakt. »Ich bin Gott, dem Herrn, unendlich dankbar, dass er der Kirche diesen Katechismus geschenkt hat«, schreibt Papst Benedikt XVI. im Geleitwort des Buches, für das ich 12,90 Euro bezahlt habe.

Die Frage, ob der Katechismus ein Gottesgeschenk oder Fleißprodukt unzähliger vatikanischer Redaktionskommissionen ist, sei für einen Moment zur Seite gestellt. Stellen wir uns lieber Papst Benedikt auf der Suche nach der eigenen Standortbestimmung vor. Würde er Antworten bei Dietrich Bonhoeffer suchen, könnte er an dessen ergreifender Identitätsfindung teilhaben: »Wer bin ich? Einsames Fragen treibt mit mir Spott. Wer ich auch bin, Du kennst mich, Dein bin ich, o Gott!« Bonhoeffer lässt Fragen offen. Das wird einen Katholiken nicht befriedigen – den Papst erst recht nicht. Wozu auch fragend durch die Welt laufen? – Sieh, die Antwort liegt so nah! Zum Beispiel im Kompendium des katholischen Katechismus. In Abschnitt 182 kann Benedikt XVI. lesen, wer er ist: »… Nachfolger des heiligen Petrus, das immerwährende und sichtbare Prinzip und Fundament für die Einheit der Kirche, der Stellvertreter Christi … Aufgrund göttlicher Einsetzung hat er über die ganze Kirche die höchste, volle, unmittelbare und allgemeine Vollmacht.«

»Stellvertreter Christi«, »göttlich eingesetzt«: Was mögen diese Antworten in einem Menschen, im Papst, hervorrufen? An ihnen zweifeln darf er nicht. Jedenfalls nicht öffentlich. Denn das I. Vatikanische Konzil hat festgestellt: Wer sagt, der Papst »besitze lediglich das Amt der Aufsicht bzw. Leitung, nicht aber die ganze Fülle dieser höchsten Vollmacht …«, der wird ausgeschlossen. Muss ein Stellvertreter Christi eigentlich vor Kritik bewahrt werden? Fest steht: Im

Umfeld des Jesus von Nazareth herrschte kein Denkverbot. Auch wurden seine Jünger nicht durch einen Eid auf ihren religiösen Meister, dem sie sich angeschlossen hatten, fixiert. Statt Paragraphen und Gehorsam standen Liebe und Freiwilligkeit im Vordergrund. »Ich werde die Disziplin der Gesamtkirche befolgen und fördern und alle kirchlichen Gesetze einhalten, vor allem jene, die im Codex des kanonischen Rechtes enthalten sind. In christlichem Gehorsam werde ich dem Folge leisten, was die Bischöfe als authentische Künder und Lehrer des Glaubens vortragen oder als Leiter der Kirche festsetzen.« Diese Eidesformel muss jeder heutige in der Verkündigung stehende Mitarbeiter der katholischen Kirche sprechen. Nur wer sich die Mühe macht, in den Codex des kanonischen Rechtes, das Gesetzbuch der katholischen Kirche, zu blicken, wird merken, dass er sich soeben freiwillig in ein geschlossenes System der Unfreiheit hineinbegeben hat. Beschwerden gegen päpstliche Anordnungen sind nicht nur unerwünscht, sondern ausgeschlossen.

Ein protestantischer Christ reibt sich verwundert die Augen. Wie kann es sein, dass Christen die biblische Botschaft von der Liebe mir nichts, dir nichts in ein machtkonzentriertes System umwandeln? Was um Himmels willen treibt freie Christenmenschen in die Abhängigkeit? »Zur Freiheit seid ihr berufen«: Warum schallt dieser Ruf des Apostels Paulus nicht bis in unsere Gegenwart hinein?

Vielleicht, weil sich die katholische Kirche mehr auf Petrus statt auf Paulus beruft? *Tu es Petrus – Du bist Petrus* steht in Stein gemeißelt an der Fassade des Petersdomes. Auf diese Worte gründet das Papsttum seine Macht. Sie stammen aus dem Matthäusevangelium, Kapitel 16, Vers 18. Jesus sagt zu Petrus: »Du bist Petrus, und auf diesen Felsen will ich meine Gemeinde bauen, und die Pforten der Hölle sollen sie nicht überwältigen. Ich will dir die Schlüssel des Himmelreichs geben: Alles, was du auf Erden binden wirst, soll auch im Himmel gebunden sein, und alles, was du auf Erden lösen wirst, soll auch im Himmel gelöst sein.«

Eigentlich könnten sich Protestanten über den katholischen Rückgriff auf die Bibel freuen. Doch leider stellt sich ein fader Nachgeschmack ein. Von Petrus ist die Rede – jenem liebenswürdigen Menschen, der seinen Herrn so gerne lieben wollte, der so gerne perfekt sein wollte und doch in entscheidenden Momenten versagte. Sich an Petrus zu erinnern ist fast ein Allheilmittel gegen fromme Überheblichkeit. Dass die katholische Kirche es schafft, aus diesem fehlbaren Menschen einen unfehlbaren Papst zu kreieren – Respekt!

Allerdings: Wer die Bibel ernst nimmt, kommt zu anderen Schlüssen. Zum einen nimmt er die Ergebnisse der historisch-kritischen Bibelforschung zur Kenntnis. Viele Exegeten mutmaßen aufgrund plausibler Indizien: Nicht Jesus hat gesagt: »Du bist Petrus …«, sondern der Evangelist Matthäus hat es ihm in den Mund gelegt. Um das Jahr 80 herum hat Matthäus sein Evangelium geschrieben, also rund fünfzig Jahre nach dem Tod Jesu. Matthäus wollte keine historische Jesusbiographie verfassen, sondern hatte ein theologisches Ansinnen. Dazu gehörte auch, dass er Petrus, der in der Urkirche eine Vorrangstellung einnahm, rückwirkend aus dem Jüngerkreis hervorheben wollte. Wie hätte das besser funktionieren können, als ihm im Nachhinein eine Beauftragung durch Jesus zuzuschreiben? Mit seinem literarisch-theologischen Coup legte Matthäus das Fundament für die katholische Kirche.

Doch leider: In der Bibel verlieren sich die Spuren des Petrus rasch. Frühchristliche Schriften aus dem zweiten Jahrhundert behaupten, Petrus sei nach Rom gereist. Dort sei er in Streit mit dem im Auftrag Kaiser Neros arbeitenden Magier Simon geraten. Auf der Flucht sei ihm an einem Stadttor Jesus begegnet; »*Quo vadis* – Wohin gehst du?«, habe er ihn gefragt, woraufhin Jesus geantwortet habe: »Nach Rom, um mich erneut kreuzigen zu lassen.« Daraufhin sei Petrus zurück nach Rom gegangen und habe sich freiwillig ins Martyrium begeben. »Da ich nicht würdig bin, wie mein Herr am Kreuze zu sein«, habe er seine Henker gebeten: »Kehrt mein

Kreuz um und kreuzigt mich mit dem Haupt nach unten!« Über seinem Grab soll Kaiser Konstantin um das Jahr 324 eine Basilika errichtet haben, die 1506 dem monumentalen Petersdom gewichen ist, Zentrum und Papstkirche der römisch-katholischen Christenheit bis heute.

Nicht nur, weil hier angeblich die Gebeine des Petrus begraben liegen. Sondern auch, weil es eine unsichtbare sakramentale Verbindung zwischen den heutigen Päpsten und dem Jesusjünger Petrus geben soll. Durch das Sakrament der Weihe, die durch Handauflegung vollzogen wird, wurde nach katholischer Überzeugung die jesuanische Beauftragung durch die Jahrtausende bis heute weitergereicht. Nicht nur an den Papst, sondern auch an die Bischöfe und sogar an die Priester. Was sich hinter dieser »apostolischen Sukzession« verbirgt, ist eine magische Vorstellung. Magie fasziniert bekanntlich. Dass da ein Geist durch menschliche Rituale durch die Welt wandelt und ein unsichtbares Netzwerk der Jesusnachfolger spannt: ein Bild mit mysteriös-romantischer Note. Schade, dass es etwas versucht, das schon den ersten Christen misslungen ist. Es möchte den Geist binden und verfügbar machen und muss dafür wesentliche Aussagen der Bibel ausblenden. Ihr zufolge wird der Geist bei der Taufe jedem Christen gegeben. Einen höherwertigen Geist, zuständig nur für Geistliche, oder die Weitergabe des Geistes der Jüngerschar kennt die Bibel nicht. Mit dem Geist ist es bekanntlich wie mit dem Wind: Er weht, wo er will. Er lässt sich ebenso wenig wie Gott an die Leine nehmen. Erkennen kann man ihn allenfalls an seinen Früchten. Ob ein Mensch in der Nachfolge Jesu steht, ist nicht von einer »Sukzession« abhängig – an den Früchten werdet ihr Katholiken und werden wir Protestanten es erkennen!

Ach, wenn ich diese Früchte doch entdecken könnte in der Papstgeschichte! Papstpaläste waren über Jahrhunderte die Brutstätten und Hochburgen von Todsünden. Luxus und Völlerei, Eitelkeiten und Eskapaden, Folter, Intrigen, Gier und Hurerei. Nur die abschreckendsten Episoden hier zu schildern, würde zu viel kostbaren Platz rauben.

Denn es geht nicht darum, mit dem protestantischen Zeigefinger auf die Sünden der einzelnen Päpste zu zeigen. »Werden wir das Schwert über dem Papst zücken, so werden wir uns selber treffen«, sagte Martin Luther und bekannte: »Das Leben ist bei uns ebenso schlimm wie bei den Päpstlichen.« Doch gibt es einen großen Unterschied: Uns Protestanten bringt ein solch sündhaftes Leben, wie es viele Päpste führten, in Gewissensqualen. Uns schützen keine dicken Mauern päpstlicher Paläste. Uns steht das Instrument des Ablasses nicht zur Verfügung. Wir wissen, dass es keine heiligen Fürsprecher gibt, die sich für uns bei Gott einsetzen könnten. Nur unserem Gewissen sind wir verpflichtet. Und Gott. »Ein feste Burg ist unser Gott«, hat Martin Luther kurz und prägnant formuliert, »er hilft uns frei aus aller Not.« Es steht heute in großen Lettern am Turm der Wittenberger Schlosskirche, jener Kirche, von wo aus die Reformation die Kirche und das Abendland durchschüttelte. In einer Zeit, in der die Christen sich entscheiden mussten, »wer dem Evangelium zustimmen und wer lieber zum Reich des Papstes als zum Reich Jesu Christi gehören will«, wie es der Genfer Reformator Johannes Calvin auf den Punkt brachte.

Das ist fast fünfhundert Jahre her. Zugegeben, die katholische Kirche hat sich seitdem in Kleinigkeiten verändert. Doch nicht genug, um die Aktualität der Frage gänzlich aus der Welt zu schaffen oder sie absurd klingen zu lassen. Leider.

Mit dem Tod Papst Johannes Pauls II. und der Wahl des deutschen Kardinals Joseph Ratzinger zu dessen Nachfolger erhielt die Papstverehrung nahezu hysterische Züge. Der Theologe Friedrich Schorlemmer erklärt die Beliebtheit des Papstes psychologisch:

Wenn das römische Papsttum in der Fernsehwelt glanzvolle Feste des schönen Scheins feiert (...) und sich als Repräsentant »der Wahrheit« gibt, so bedient es sich regressiver Sehnsüchte der im Innersten

verunsicherten Massenmenschen im 21. Jahrhundert.
Solche absoluten Autoritäts- und totalitären Wahr-
heitsansprüche tun ihre Wirkung und entfalten eine
bestimmte Faszination, erweisen sich aber als so an-
maßend wie illusionär. Solche Rituale und solche
Hierarchien kommen einem alten, in jedem Jahrhun-
dert aktivierbaren Bedürfnis nach Anlehnung und
metaphysischer Sicherheit entgegen.

Sicherheit gibt es nach protestantischer Auffassung nur im Glauben, nicht in einer Person.

Was tun? Gelassenheit ist nötig. Wie sie aussehen kann, hat der mittelalterliche Mystiker Johannes Tauler unnachahmlich gezeigt. In seinem berühmten Gleichnis vom Mist könnte das Pferd auch als Synonym für den Papst stehen. »Das Pferd macht den Mist in den Stall, und obgleich der Mist Unsauberkeit und üblen Geruch an sich hat, so zieht doch dasselbe Pferd denselben Mist mit großer Mühe auf das Feld; und daraus wächst der edle schöne Weizen und der edle süße Wein, der niemals so wüchse, wäre der Mist nicht da.«

Ob Oscar Wilde das Gleichnis kannte? In jedem Fall war der irische Schriftsteller vom selben Motiv beseelt wie Tauler, als er sagte: »Der Schlechtigkeit des Papsttums hat die Menschheit viel zu verdanken.«

In diesem Sinne können auch wir Protestanten dem Papsttum dankbar sein. Die vormaligen Sünden der Päpste bilden den Humus, auf dem eine befreite Christenheit wachsen kann.

Der dürre Zweig der Kirchengeschichte

Glaubt nicht, dass ich fasele, dass ich dichte;
Seht hin und findet mir andre Gestalt!
Es ist die ganze Kirchengeschichte
Mischmasch von Irrtum und von Gewalt.

Mit dieser populistischen Negativschau macht es sich Dichterfürst Johann Wolfgang von Goethe zu leicht. Mindestens Wahrheit und Liebe gehören ebenso zum »Mischmasch« der Kirchengeschichte. Wie riesige Ströme durchziehen zwei Stränge die Jahrhunderte. Der eine stellt die unversöhnliche Absolutheit des christlichen Glaubens in den Mittelpunkt; hier wird Glaube zur Forderung. Der andere Strang besinnt sich auf die in der Bibel bezeugte Liebe Gottes und betont, dass der Glaube ein Geschenk ist. Katholische Leserinnen und Leser werden jetzt vermuten, ich würde die Stränge zuordnen: ersteren den Katholiken, letzteren den Evangelischen. Mitnichten – so einfach geht es nicht!

Grundsätzliches ist zunächst zu klären. Gemeinhin wird die Entstehung der Kirchen mit Hilfe eines zweitausend Jahre alten Baumes dargestellt. Der Stamm, sicher verwurzelt in der Erwählung Israels, wächst kräftig und gerade gen Himmel. Etwa auf halber Höhe des Baumes eine Abzweigung, das Jahr 1054 ist eingezeichnet: Die orthodoxe Kirche spaltet sich ab. Doch der Baum wächst weiter. 1517 eine zweite Abzweigung, diesmal zur anderen Seite: Die protestantischen Kirchen bilden einen eigenen Ast, der viele Verzweigungen hervorbringt, ein wildes Wirrwarr von evangelischen Konfessionen und Denominationen.

Ich muss gestehen: Oft bin auch ich der vermeintlichen Überzeugungskraft dieses Konfessionsstammbaumes erlegen, bin der Propaganda auf den Leim gegangen, die Protestanten hätten sich abgespalten, die Evangelischen seien die Abtrünnigen! Ohne Orthodoxe, vollends aber ohne Luther und Konsorten wäre der Baum, harmonisch in die Höhe wachsend, zum allerschönsten aller Bäume geworden!

In Wirklichkeit sieht es anders aus. An der Stelle »1517« spaltet sich zwar ein Zweig ab. Aber der wächst gar nicht munter weiter und treibt auch nur wenige Knospen. Der sucht sich mühsam seinen Weg nach oben, wird dabei aber immer schwächer und kraftloser. Nicht »protestantische Kirchen« steht neben ihm geschrieben, sondern »römisch-katholische Kirche«.

Nur auf den ersten Blick wirkt diese Sicht der Kirchengeschichte befremdend. Um sie zu erklären, ist ein Blick ins
Jahr 1517 nötig.

In der Gegend der sächsischen Universitätsstadt Wittenberg
hatte der Dominikanermönch Johann Tetzel sogenannte Ab-
lassbriefe verkauft. Gegen Geld konnten Gläubige für sich
oder für Angehörige Erleichterung der Sündenstrafen erwerben. Martin Luther, Theologieprofessor und Mönch des
Augustiner-Eremiten-Ordens, empörte sich darüber. Seiner
Meinung nach bot der Ablasshandel einen unzulässigen,
weil unbiblischen Weg der Gnade an. In 95 Thesen hatte der
Mönch seine Kritik am Ablasswesen aufgeschrieben – wohl-
begründet, wie es einem Professor der Bibel angemessen ist.
Der Papst könne keine göttlichen Strafen erlassen, argumen-
tierte Luther; jeder Christ, der wahre Reue und Leid über
seine Sünde zeige, sei von Strafe und Schuld befreit – dafür
müsse er keinen Ablass erwerben. Jeder wahre Christ habe
an allen Gütern Christi und der Kirche teil; Gott habe sie
ihm auch ohne Ablassbrief gegeben.

Eine tiefe eigene Erfahrung steht hinter der harschen Kritik
Luthers. In verzweifelten Anfechtungen hatte er erkannt:
Die Liebe und Gnade Gottes lassen sich durch menschliches
Bemühen nicht erlangen. Nicht der richtende, sondern der
für die Sünden gestorbene Christus steht im Mittelpunkt
des christlichen Glaubens. In der Bibel findet er diese Erkenntnis begründet, vor allem in den Schriften des Apostels
Paulus. Wenn von der »Gerechtigkeit Gottes« die Rede sei,
gehe es Paulus nicht um den richtenden Gott, der Gute be-
lohnt und Böse bestraft, sondern um den barmherzigen Gott,
der den Sünder aufgrund seines Glaubens annimmt. Allein
aus Gnade und allein durch den Glauben sei der Mensch vor
Gott gerechtfertigt. Gute Werke seien nicht die Voraussetzung für eine Rechtfertigung durch Gott, sondern die Kon-
sequenz der Liebe, die Gott den Menschen schenkt.

Diese existenzielle Erfahrung verleiht den 95 Thesen ihre
Kraft. Da hatte nicht nur ein Theologe vom Schreibtisch aus

sachlich Richtiges geschrieben. Ein Mann, dem der Glaube zur existenziellen Wahrheit geworden war, übertrug seine Erfahrung der Liebe Gottes auf die Kirchenpolitik.

So viel fromme Courage sollte Folgen haben. Die nahm Luther in Kauf. Luthers Ordensobere versuchten, ihn zum Widerruf zu bewegen – erfolglos. Statt nachzugeben, schickte er seine Thesen sogar nochmals direkt an Papst Leo X. Der vatikanische Machtapparat reagierte schließlich machtvoll und autoritär und verhängte den Kirchenbann über Luther. Alle Versuche, die Stimmen der evangelischen Wahrheit zum Schweigen zu bringen, schlugen fehl. Evangelische Landeskirchen entstanden, auf einem Bekenntnis basierend, der »Confessio Augustana«, die 1530 auf dem Augsburger Reichstag verlesen wurde. Die evangelische Frömmigkeit entwickelte Strahlkraft in viele Regionen Europas: Mühsam versuchte die römische Kirche gegenzusteuern, nahm sogar kleine Reformen vor. Doch es war zu spät: Hilflos, aber noch immer mit dem Anspruch der Rechtgläubigkeit ausgestattet, hielt sie an ihrer Macht fest.

Die Argumente lagen allesamt auf Seiten der Reformatoren. Wer die Bibel als Richtschnur des Glaubens und des kirchlichen Lebens betrachtet – das galt damals und das gilt heute –, kann zu keinem anderen als diesem Schluss kommen: Gott schaut nicht auf »gute Werke«, sondern er schenkt seine Liebe allen, die an ihn glauben. Eine Mischung aus Verstocktheit und Machterhaltungstrieb ließ die katholische Kirche wider besseren Wissens an unbiblischen Bräuchen und Überzeugungen festhalten, ließ sie weiter an Ablass, Heiligenverehrung und Fegefeuer glauben.

Sogar die weitgehenden Kompromissangebote Philipp Melanchthons lehnte sie ab. Der hatte angeboten, die Evangelischen könnten sogar den Papst als Oberhaupt der Kirche akzeptieren, wenn die katholische Kirche denn nur wieder das Evangelium von der Gnade Gottes verkündigen würde. Mit einer geradezu tragischen Unfähigkeit, die eigenen

Fehler einzugestehen, hat sich die römisch-katholische Kirche damals in eine Sackgasse manövriert, aus der sie bis heute nicht herausgekommen ist. Sie hat die Einheit der Kirche aufs Spiel gesetzt – und verloren. Um im Bild des Baumes zu bleiben: Während der biblisch verankerte Glaube in der Verantwortung der sich nun »evangelisch« nennenden Kirchen weiter nach oben gewachsen ist, trieb es die Katholiken in die Distanz.

Diese Sicht lässt einen weiteren Irrtum der Katholiken deutlich werden. Deren Meinung nach »gehört« die Kirchengeschichte vor 1517 mit all ihren spannenden Theologen und Entwicklungen der katholischen Kirche, Protestanten dürften demgemäß weder Augustin noch Thomas von Aquin, weder Franziskus noch Meister Eckhart zu den Ihren zählen. Die Geschichte der Evangelischen begänne eben erst mit Martin Luther oder mit einzelnen Präreformatoren wie John Wyclif oder Jan Hus. Falsch. Die gesamte Kirchengeschichte von ihren Anfängen bis heute ist evangelisch. Dankbar blicken wir zurück auf eine reiche Tradition jener, die entgegen aller menschlichen Machtgelüste die Aufmerksamkeit auf das Evangelium zurücklenkten: die Wüstenväter, die sich in der Einsamkeit Gottes Wort aussetzten; die Kirchenväter, die Protest einlegten gegen eine allzu große Annäherung der christlichen Theologie an die Philosophie, die sich auch von ketzerischen Bewegungen trennten; die Ordensbewegung, in der sich fromme Männer und Frauen sammelten, um ungestört ihren Glauben zu leben; die Mystiker, die um den geheimnisvollen Zusammenhang von Gott, der Seele und der Welt wussten; die Scholastiker, die ahnten und erkundeten, dass und wie Denken und Glauben zusammengehören.

Nicht nur mit Respekt, auch mit Scham blicken wir zurück in unsere evangelische Kirchengeschichte. In jene Zeiten, in denen das Licht des Evangeliums verdunkelt wurde durch Gewalt, Kreuzzüge und Inquisition. Als die frohe Botschaft zur Drohung missbraucht wurde. In unnachahmlicher Weise hat der russische Schriftsteller Fjodor M. Dostojewski das

Dilemma beschrieben, in das wir Christen hineingeraten waren: Kirche? Ja – aber bitte ohne Jesus! »Warum bist Du gekommen, uns zu stören?« Von niederschmetternder Direktheit strotzt diese Frage. Gestellt wird sie niemand Geringerem als Jesus selbst, der nach 1500 Jahren erneut auf die Erde gekommen ist. In Spanien, zu Zeiten der härtesten Ketzerverfolgung, trifft er auf den neunzigjährigen Großinquisitor. Dostojewski füllt diese Szene mit einem dramatischen Monolog des Greises. Dessen Argument: Die Kirche bestimme mittlerweile, was Freiheit sei – nicht mehr Jesus. »Morgen wirst du selber die gehorsame Schar sehen«, prophezeit der greise Inquisitor, »die auf den ersten Wink meiner Hand sich zum Scheiterhaufen stürzen wird, um die Kohlen zu schüren, auf welchen du dafür brennen sollst, dass du gekommen bist, uns zu stören. Morgen werde ich dich verbrennen.«

Die Kluft zwischen Jesus und Kirche, zwischen göttlicher Wahrhaftigkeit und institutioneller Rechthaberei wuchs. Wir Evangelische blickten dem Scheitern ins Auge. Wir erkannten, dass die Reformatoren die damals tote Christenheit aus dem trügerischen Schlaf der Sicherheit erweckt haben. Die Kirche war zum Selbstbedienungs- und Selbsterlösungsladen heruntergewirtschaftet worden. Sich aus dieser »Mistgrube von Irrtümern« zu befreien, kostete unsägliche Kraft, wie der Reformator Johannes Calvin schildert. Die »Ehrfurcht vor der Kirche« habe ihn lange davon abgehalten, sich von ihr zu trennen und zuzugeben, »dass ich mein ganzes bisheriges Leben in Irrtum und Unwissenheit zugebracht hatte … Aber als ich erst einmal die Augen geöffnet hatte und mich hatte unterrichten lassen, begriff ich, dass die Furcht, ich könne der Hoheit der Kirche zu nahe treten, unbegründet war. Denn sie machten mir deutlich, dass es ein großer Unterschied ist, ob jemand sich von der Kirche trennt oder versucht, ihre Fehler zu verbessern, mit denen er sich selbst befleckt hat.« Von nun an wusste sich Calvin auf der Seite des rechten Glaubens und in der Tradition der frühen Kirche, die sich gegen allerlei Irrlehren zur Wehr setzen musste. »Wir haben uns nicht von der

Kirche geschieden und stehen nicht außerhalb ihrer Gemeinschaft … Unser Kampf gegen den Papst und seinen ganzen Anhang ist nichts anderes als das gegenwärtige Gegenstück zu dem Kampf, den die Propheten und Apostel gegen die Entartung der Kirche ihrer Tage geführt haben.«

Dabei hätten die Katholiken damals nicht nur bei den Reformatoren erfahren können, was christlicher Glaube wirklich bedeutet. Überall waren in jener Zeit Aufbrüche zu spüren. Die Humanisten forderten: »Zurück zu den Wurzeln!« Und die Renaissance wurde im Katholizismus geboren! Ihre Künstler weckten Sinnenfreude und Individualität. Auch bei den Päpsten. Heinrich Heine kam in seinem Essay *Über Deutschland* zu folgendem Schluss:

> *Leo X., der prächtige Mediceer, war ein ebenso eifriger Protestant wie Luther; und wie man zu Wittenberg in lateinischer Prosa protestierte, so protestierte man zu Rom in Stein, Farbe und Ottaverime. Oder bilden die marmornen Kraftgestalten des Michelangelo, die lachenden Nymphengesichter des Giulio Romano und die lebenstrunkene Heiterkeit in den Versen des Meisters Ludovico nicht einen protestierenden Gegensatz zu dem altdüstern, abgehärmten Katholizismus? Die Maler Italiens polemisierten gegen das Pfaffentum vielleicht weit wirksamer als die sächsischen Theologen. Das blühende Fleisch auf den Gemälden des Tizian, das ist alles Protestantismus. Die Lenden seiner Venus sind viel gründlichere Thesen als die, welche der deutsche Mönch an die Kirchentüre von Wittenberg angeklebt.*

Leider war Papst Leo X. weder Geistlicher noch besonders gläubig. »Alle Welt weiß doch, wie viel uns diese Fabel von Christus eingebracht hat«, soll er gesagt haben. Er war auf Berater angewiesen. Und die unterschätzten die Brisanz der Vorgänge in Wittenberg gehörig. Sie begriffen nicht: »Reformation« bedeutet nicht Erneuerung, sondern Rückführung. Der Zustand der Urkirche sollte wiederhergestellt werden. Große Teile der katholischen Kirche wollten diesen Weg nicht mitgehen und wandten sich vom Evangelium ab. Wie ein Bumerang kommt der Vorwurf, den sie den Protestanten machten, auf sie zurück: Sie selbst sind zu Abtrünnigen geworden, die das Evangelium mit menschlichen Sonderlehren veränderten. Sie sind in die Irre gegangen und haben sich immer mehr verrannt, haben im Namen Gottes Dogmen verkündet, die mit der Bibel nicht in Einklang zu bringen sind. Zum Beispiel, dass der Papst unfehlbar sei. Dass Maria, die Mutter Jesu, unbefleckt empfangen und nach ihrem Tod leiblich in den Himmel aufgenommen wurde.

Man kennt solche Verhaltensmuster aus der Psychologie. Wer sich sein Fehlverhalten nicht eingesteht, verrennt sich weiter in eine eigene Wirklichkeit. Leider wird es für die Betroffenen immer schwerer, sich aus der Sackgasse, in die sie geraten sind, zu befreien. Als außenstehende Evangelische können wir nur mit offenen Armen warten. Wie der Vater, der den verlorenen Sohn nach dessen Rückkehr liebevoll in die Arme schließt.

Wird das ein Fest, wenn die Katholiken reumütig zurückkehren in den Schoß der Kirche!

Abendmahl – aber nicht mit allen!

Sonntagmorgen, halb zehn. Eigentlich hätte ich eine barocke Kirche hier erwartet, schließlich bin ich in Oberbayern. Die Landschaft ist wie aus dem Bilderbuch – aber die Kirche ein riesiger abweisender Quader, Baujahr 1930, die Kerzen flackern im Luftzug. Vorn ein übergroßer steinerner Altar, dahinter Holzreliefs der Jünger Jesu, darüber eine übergroße Maria an die Wand gemalt, mit weitem Mantel und offenen Armen. Die Sonnenstrahlen, die es durch die Oberlichter in die Kirche geschafft haben, kämpfen sich mühsam durch die

Weihrauchwolken. Gemeinsam mit den Gottesdienstbesuchern blicken cremefarben gekleidete Ministranten auf den Priester, der eine Hostie in die Luft hält, die er kurz darauf bricht. In der Hand eines der Ministranten klingeln drei Glocken. Ein stiller Moment, erfüllt von Ehrfurcht und Ernsthaftigkeit. Die Menschen in den Kirchenbänken knien. Man spürt: Hier geschieht etwas Außergewöhnliches. Ich erinnere mich an archaische Akte, wie sie aus vielen Religionen dieser Welt bekannt sind: Um eine Gottheit milde zu stimmen, opfern Menschen ihr Liebstes. Ein urreligiöses Bedürfnis, ein ritueller Hilfeschrei: Beschütze uns, Gottheit, komm uns nahe, wir erkennen Dich als allmächtig an!

Auch im biblischen Volk Israel spielte das Opfer eine große Rolle. Tiere wurden geopfert, Lebensmittel, es gab Trankopfer und Rauchopfer. Im Alten Testament ist jedoch eine bemerkenswerte Entwicklung zu beobachten. Israel überwand das Menschenopfer – ein offensichtlicher Fortschritt. Propheten kritisierten die gängige Opferpraxis; Amos etwa verkündete, Gott habe »kein Gefallen« an Opfern und »mag auch eure fetten Dankopfer nicht ansehen«. Die Tendenz ist deutlich: Es geht um Glauben und Gerechtigkeit, nicht um die Erfüllung ritueller Vorschriften. Die Zivilisierung der Menschheit geht mit einer langsamen Ablösung archaischer Riten einher.

Leider durchbrachen die theologischen Leiter der frühen Kirche diese humane Tendenz. Sie übertrugen den alttestamentlichen Opfergedanken auf die Passion Jesu. Jesus wurde zum Lamm, das zur Schlachtbank geführt wurde. Mehrere Opfervorstellungen entstanden: Gott habe seinen eigenen Sohn geopfert, dadurch sei die Sünde der Welt »gesühnt«. Oder: Durch den Tod Jesu sei Gott mit der Welt wieder versöhnt. Oder: Jesus, der »Knecht Gottes«, habe alle Sünden der Welt mit in den Tod genommen; er sei der Sündenbock der Welt. In dieser Theorie wurde das letzte Abendmahl, das Jesus mit seinen Jüngern feierte, zu so etwas wie einem Vorspiel zum Opferritual. »Dies ist mein Leib, für Euch gegeben«: geheimnisvolle Worte Jesu, mit denen sich trefflich der Opfercharakter der Kreuzigung belegen lässt.

Das Abendmahl ist nach katholischem Verständnis ein Messopfer. »Die Opfergabe und der Opfernde sind dieselben, nur die Weise des Opferns ist verschieden: blutig am Kreuz, unblutig in der Eucharistie … Als Opfer wird die Eucharistie außerdem für alle lebenden und verstorbenen Gläubigen dargebracht, als Sühne für die Sünden aller Menschen und um geistliche und zeitliche Gaben von Gott zu erlangen«, heißt es im *Katechismus der Katholischen Kirche*.

»Dies tut zu meinem Gedächtnis«, hatte Jesus seine Jünger gebeten. Aber die Katholiken lassen Jesus Christus keine Ruhe. Tag für Tag wird in katholischen Kirchen ein Opfer wiederholt. Auch in Bayern an jenem Sonntagmorgen, in der Kastenkirche, in der ich staunend das Ritual des Brotbrechens betrachtete. Die Glöckchen, von Ministranten in Schwingung versetzt, kündigen die sogenannte Wandlung an. In diesem Moment, glauben Katholiken, verwandle sich die Hostie in den Leib Christi. Nicht real – die Hostie behält ja auch nach der Wandlung ihre Beschaffenheit –, sondern substanziell, wesenhaft. Ebenso verwandelt sich ihrer Überzeugung nach der Wein wesenhaft in das Blut Christi. »Jesus Christus ist in der Eucharistie auf einzigartige und unvergleichliche Weise gegenwärtig: wirklich, tatsächlich und substanziell …«, erklärt der *Katechismus der Katholischen Kirche*.

Das muss man der katholischen Kirche wirklich lassen: Sie hat einen Sinn dafür, außerchristliche Elemente in den christlichen Glauben einzubinden und das so entstandene Mischmasch aus christlichen, philosophischen, magischen und esoterischen Elementen hochoffiziell mit dem Stempel der Rechtgläubigkeit zu versehen. Und wenn das Volk sich nicht mit der jesuanischen Lehre begnügen mag, dann kommt die Kirche ihm eben mit allerlei Zugeständnissen entgegen. Denn auch das ist ein archaisches Ritual, bekannt sowohl aus alten Religionen als auch antiken Mysterienkulten: Der Gläubige nimmt Gott auf, verleibt ihn sich ein. Essen als ritueller Akt, das Bedürfnis befriedigend, eins zu sein mit der Gottheit. Entwicklungspsychologisch ein Schritt in die Kindheit, in die orale Phase. Theologisch gesprochen Kleinglaube. Schließlich ist jedem Christen verheißen, dass der Heilige Geist jeden und alle umweht. Warum, um Himmels willen, muss dann Gott noch substanziell herbeigezaubert und aufgenommen werden?

Der badische zum evangelischen Glauben konvertierte Priester Aloys Henhöfer hat eine Erklärung für dieses Verhalten. Er schilderte 1822 die Zustände in seiner Landgemeinde:

> *Das Christentum rumorte. Es gab Leute, die außer dem toten Namen nichts von Christus wollten. Zwar der im Tabernakel gefiel ihnen wohl, Christus aber im Herzen war ihnen ärgerlich und gefährliche Schwärmerei. Jener beunruhigte sie nicht, wurde nicht jeden Sonntag herausgelassen und verlangte dann weiter nichts als Kniebeugen, Kreuzmachen, Brustklopfen, dieser wollte eine Anbetung im Geist und in der Wahrheit.*

Ein abgründiger Verdacht kommt auf: Sollte die Wandlung des Brotes und die damit verbundene Anbetung des »Allerheiligsten« nur ein besonders gelungener Kniff sein, sich den lebendigen Jesus vom Leib zu halten?

Leider haben die Katholiken auch an diesem Punkt im Jahr 1517 nicht die Zeichen der Zeit erkannt. Luther dichtete:

> *Lass mich durch dies Seelenessen*
> *deine Liebe recht ermessen,*
> *dass ich auch, wie jetzt auf Erden,*
> *mög dein Gast im Himmel werden.*

Zwar ist der Wittenberger Mönch noch sehr nah an der katholischen Wandlungslehre, doch ist die Richtung deutlich:

Uns Evangelischen geht es nicht um die wesenhafte Präsenz Jesu Christi in Brot und Wein.

Zwar gibt es kein einheitliches protestantisches Abendmahls-verständnis. Während die Lutheraner an der Vorstellung einer Realpräsenz Jesu Christi im Abendmahl festhalten, fei-ern die Reformierten das Abendmahl als Gedächtnismahl zum Gedenken an den Opfertod Jesu Christi.

Reformatoren wie Philipp Melanchthon und Johannes Cal-vin haben, um Einheit bedacht, mit von Kompromissen trie-fenden Formulierungen den Katholiken unzählige Brücken gebaut – leider umsonst. Selbst auf Nebenschauplätzen zeig-ten sich die Verantwortlichen in der römisch-katholischen Kirche störrisch. Eigensinnig stemmten sie sich lange Zeit mit aller Kraft dagegen, den Abendmahlskelch allen Ge-meindegliedern zu reichen. Da ja im Brot schon der ganze Christus enthalten sei, könne das »Blut« Christi den Pries-tern vorbehalten bleiben.

Zwar dürfen Priester mittlerweile den Kelch auch allen rei-chen – doch auch heute herrscht in den allermeisten katho-lischen Gottesdiensten eine Art Zwei-Klassen-Abendmahl. Auch in dem oberbayerischen Gottesdienst, den ich besuch-te. Während die im Altarraum Versammelten einen Schluck aus dem Kelch nehmen, schaut die Gemeinde zu und emp-fängt im Anschluss lediglich das Brot. Den Wein für die Aus-erwählten, die Brosamen fürs Volk? Wasser predigen und Wein trinken? Ein Gedanke, der mir in diesem Augenblick ebenso naheliegt wie die Erinnerung an Jesu letztes Abend-mahl im Kreis seiner Jünger. »Trinkt alle daraus!«, wies er sie an. Wie passt das zusammen mit dem, was Tag für Tag in katholischen Gottesdiensten stattfindet?

Und ich evangelischer Christ – bin ich überhaupt eingeladen zum Abendmahl? Würde ich den Worten Jesu folgen, dann schon. »Kommt her zu mir alle, die ihr mühselig und bela-den seid«, sagte der bekanntlich und forderte ausdrücklich »alle« auf, das Brot zu essen und aus dem Kelch zu trinken. Die evangelischen Kirchen folgen Jesu Willen selbstverständlich. Aber leider sitze ich in einem katholischen Gottesdienst. Da gelten andere Regeln. Da wird das Abendmahl als exklusives Ritual betrachtet: »Kommt her, ihr Katholiken ...« Allerhöchstens orthodoxe Christen sind hier gern gesehen am »Tisch des Herrn«. Ich als Evangelischer nicht. Eigentlich gehöre ich ja auch keiner Kirche, sondern lediglich einer »kirchlichen Gemeinschaft« an. Ich bin unerbeten und komme nicht in den Genuss der vielbeschworenen »eucharistischen Gastfreundschaft«, da meine »aus der Reformation hervorgegangene kirchliche Gemeinschaft ... die ursprüngliche und vollständige Wirklichkeit des eucharistischen Mysteriums nicht bewahrt« habe, erklärt es mir der *Katechismus der Katholischen Kirche*. Schade. Da lädt mich Jesus ein, und nun? Kein Abendmahl für mich. Geschlossene Gesellschaft. Konfessionelle Apartheid. Uwe allein in der Kirchenbank.

Wenig glaubwürdig wirkt es da, wenn die katholische Kirche beteuert, sie empfände »die Spaltungen der Kirche« als »schmerzlich«, »die die gemeinsame Teilnahme am Tisch des Herrn abbrechen«. Ja, wer bricht denn hier ab? In jedem evangelischen Gottesdienst sind alle getauften Christen, gleich welcher Konfession, zum Abendmahl eingeladen! Welch seltsames Schmerzempfinden da gehegt und gepflegt wird – und wie leicht es in Wohlgefallen und Freude aufzulösen wäre! Da müsste nur ein Papst, ein Bischof, ein Priester sagen: »Heute, liebe Gemeinde, habe ich mich entschieden, Jesu Worten Geltung zu verschaffen. Er hat alle zu Brot und Wein eingeladen. Also lade ich nun alle Gottesdienstbesucher ein, gemeinsam das Abendmahl zu feiern – egal ob katholisch, evangelisch, anglikanisch, orthodox, Hauptsache christlich getauft.«

Der oberbayerische Priester, der mit naiv-mildem Lächeln die Eucharistiefeier leitet, wird es nicht tun. Warum sollte er seinen Beruf aufs Spiel setzen? Warum sollte er gegen seinen Eid verstoßen und seiner Kirche gegenüber ungehorsam sein?

Der Priester und Theologieprofessor Gotthold Hasenhüttl hat sich 2003 trotzdem getraut. Am Rande des Ökumenischen Kirchentags in Berlin, in einem Gottesdienst, der nicht zum offiziellen Programm gehörte, lud er ausdrücklich auch Evangelische und Nicht-Katholiken zum Abendmahl ein. Wenige Wochen später wurde Hasenhüttl von seinem Priesteramt suspendiert. Und zweieinhalb Jahre nach jenem denkwürdigen Gottesdienst entzog ihm der Vatikan nach einem längeren Verfahren zusätzlich die kirchliche Lehrerlaubnis.

Dostojewski könnte seine Novelle vom Großinquisitor aktualisieren: Jesus kommt zurück auf die Erde, feiert ein großes Abendmahl – und die vatikanische Glaubenskongregation entzieht ihm die Lehrerlaubnis. Wahrscheinlich würde er entsetzt in den Himmel fliehen.

Falls nicht: Wir Evangelischen würden ihm Obdach gewähren. Zur Begrüßung würden wir ihm Luthers Lied singen: »Liebster Jesu, wir sind hier, deinem Worte nachzuleben …« So sei es!

Maria und die vielen anderen Heiligen

Ja, es gibt Menschen, die lassen sich gerne in den Himmel loben oder auf Sockel heben: eitle Künstler, machtgierige Monarchen, unheilbare Narzissten. Nichts deutet darauf hin, dass Maria, die Mutter Jesu, zu dieser Spezies Menschen gehörte. Im Gegenteil: Diese junge Frau aus Nazareth war fromm und zurückhaltend, nachsichtig und emphatisch. Mit dreizehn Jahren wurde sie unverheiratet schwanger. Sie erlebte, wie ihr Sohn Jesus eine äußerst eigentümliche Entwicklung durchlebte, schließlich als Wanderprediger durch die Lande zog und ihr im Beisein anderer manch harsche Abfuhr erteilte. Dennoch blieb sie ihm treu bis in den Tod und darüber hinaus. In der Jerusalemer Urgemeinde nahm sie eine wichtige Stellung ein.

Hätte sie auch nur geahnt, dass sie binnen der nächsten

zweitausend Jahre von einer einfachen jüdischen Frau zur »Himmelskönigin« mutieren sollte – sie hätte vermutlich laut das *Magnificat* gebetet und ihren Verehrern ins Stammbuch geschrieben: »Gott hat die Niedrigkeit seiner Magd angesehen, und Gott zerstreut, die hoffärtig sind in ihres Herzens Sinn.«

Gott stellt keine Menschen auf irgendwelche Sockel – »er stößt die Gewaltigen vom Thron«!

Doch – ach, arme Maria! – katholische Christen können deine Niedrigkeit ganz offensichtlich nicht ertragen. Sie haben aus der jüdischen Magd eine Überlebensgroße gemacht: eine Himmelskönigin, eine Allmächtige, eine Übermutter. Sie haben diese arme, hilflose und von Gott besonders behütete junge Frau in eine unantastbare Jungfrau verwandelt. Sie haben »Maria zur allgemeinen Abgöttin gemacht, mit unzähligen Diensten, Feiern, Fasten, Gesängen«, klagte Martin Luther. Die vatikanischen Glaubenswächter erhoben Maria in den himmlischen Stand der Unsterblichkeit, mehr noch: »Mit Leib und Seele« wurde sie »nach Vollendung ihres irdischen Lebenslaufs … in die himmlische Herrlichkeit aufgenommen und als Königin des Alls vom Herrn erhöht, um vollkommener ihrem Sohn gleichgestaltet zu sein, dem Herrn der Herren und dem Sieger über Sünde und Tod«. So steht es geschrieben, im *Katechismus der Katholischen Kirche*. In der Bibel jedoch steht von der Himmelfahrt Mariens kein Wort. Sie ist ein von der katholischen Kirche vor rund sechzig Jahren verkündetes Dogma. Wie der Vatikan dazu kommt, diese Himmelfahrt Mariens als Gottesoffenbarung zu apostrophieren, bleibt wohl auf immer sein Geheimnis. Papst Pius XII. kanonisierte diese Vorstellung und verbot sich und den Katholiken Widerspruch: Dieses Dogma sei mit voller unfehlbarer päpstlicher Autorität gesprochen worden. Eine Sonderlehre, die wir Protestanten nur zur Kenntnis nehmen, aber ganz gewiss nicht teilen können.

Maria musste noch weitere päpstliche Kühnheiten über sich ergehen lassen. 1854 verkündete Papst Pius X. »zur Erhöhung des katholischen Glaubens und zur Mehrung der christlichen Religion, in der Autorität unseres Herrn Jesus Christus, der seligen Apostel Petrus und Paulus«: »Die Lehre, dass die seligste Jungfrau Maria im ersten Augenblick ihrer Empfängnis durch ein einzigartiges Gnadenprivileg des allmächtigen Gottes, im Hinblick auf die Verdienste Jesu Christi, des Erretters des Menschengeschlechtes, von jedem Makel der Erbsünde unversehrt bewahrt wurde, ist von Gott geoffenbart und darum von allen Gläubigen fest und beständig zu glauben.« »Maria Immaculata«, die »unbefleckte Maria«, setzte sich in den Köpfen der Gläubigen fest.

Eine von vielen sonderlichen Folgen: Vier Jahre nach Verkündigung des Dogmas erschien im südfranzösischen Ort Lourdes dem Mädchen Bernadette Soubirous eine »weißgekleidete Dame, die ein weißes Kleid, einen blauen Schleier und auf jedem Fuß eine goldene Rose trug«. Die vierzehnjährige Bernadette trat mit der wunderlichen Erscheinung in Verbindung, die sich ihr nach mehreren Treffen so vorstellt: »Ich bin die unbefleckte Empfängnis.« Da das Mädchen noch nie diesen Begriff gehört hatte, könne es sich nur um eine wahre Marienerscheinung handeln, urteilten die Katholiken. Bernadette wurde 1866 Nonne bei den Barmherzigen Schwestern und 1933 sogar heiliggesprochen, Lourdes avancierte zum Wallfahrtsort.

Wer den Placebo-Effekt des christlich angereicherten Volksglaubens studieren will, findet hier überreiches Anschauungsmaterial. Nur: Mit der Bibel hat das gar nichts zu tun. Die Maria Immaculata ist ein Kunstprodukt, das zu märchenhafter Phantasie anregt. »Mein Gemüt versenkte sich in die Mystik des Katholizismus«, lässt Heinrich Heine in seinem Roman »Florentinische Nächte« den Protagonisten erzählen:

Ich hätte damals gern, wie ein spanischer Ritter, alle Tage auf Leben und Tod gekämpft für die immakulierte Empfängnis Mariä, der Königin der Engel, der

schönsten Dame des Himmels und der Erde! Für die
ganze Heilige Familie interessierte ich mich damals,
und ganz besonders freundlich zog ich jedes Mal den
Hut ab, wenn ich an einem Bilde des heiligen Joseph
vorbeikam. Dieser Zustand dauerte jedoch nicht lan-
ge, und fast ohne Umstände verließ ich die Mutter-
gottes, als ich in einer Antikengalerie mit einer grie-
chischen Nymphe bekannt wurde, die mich lange Zeit
in ihren Marmorfesseln gefangen hielt.

Die Immaculata, diese unverschämte Verzerrung der in ihrer
Bescheidenheit glänzenden Mirjam aus Nazareth, entfacht
keine bleibende Strahlkraft. Jedenfalls nicht auf uns Protes-
tanten. Uns genügt das, was die Bibel über Maria berichtet.
Mit dem Dogma der »Unbefleckten Empfängnis« hoffte die
Kirche, ein theologisches Problem zu lösen: Wenn Maria die
»Gottesgebärerin« ist, müsste eine unerlöste Frau den Erlö-
ser auf die Welt gebracht haben. Undenkbar. Maria musste
von der Erbsünde unbefleckt geboren sein. Dem nichtkatho-
lischen Denken bleiben derartige Überlegungen fremd. Den
Katholiken hilft in solchen Fällen ein Dogma.
Wir Protestanten hingegen halten uns an die Bibel. Und
ziehen den Hut vor dieser großartigen Frau. Und sehen in
ihr einen weiteren Beleg dafür: Gott ist Mensch geworden.
Deswegen geht es uns nicht darum, Menschen in göttliche
Sphären zu heben. Die Erkenntnis, dass Gott Mensch gewor-
den ist, ist uns wichtiger als eine schlüssige Antwort auf die
Frage, wie die Jungfrau Maria zu ihrer Leibesfrucht kam.
Wir lesen in unserer Luther-Bibel: »… und die Jungfrau hieß
Maria.« Aber aufgrund vieler Erkenntnisse wissen wir, war-
um dort »Jungfrau« steht. Nicht, um ein moralisch-gynäko-
logisches Wunder in die Welt zu setzen. Sondern um die
Stimmigkeit der Geburt Jesu mit den Visionen der alten Pro-
pheten zu betonen. Gott werde ein Zeichen geben, hatte der
Prophet Jesaja dem judäischen König Ahas angekündigt.
Dieses Zeichen bestehe darin, dass eine Jungfrau schwanger

und einen Sohn gebären werde, den sie »Immanuel« (»Gott ist mit uns«) nennen wird. Also steht bei Jesaja schon »Jungfrau«? Nein. Das entsprechende Wort des hebräischen Urtextes ist mit »junge Frau« zu übersetzen. Bei der Übersetzung ins Griechische ist es mit dem Wort für Jungfrau übersetzt worden.

Der Evangelist Matthäus führt ebendiese Jesaja-Stelle an, um die Jungfrauengeburt Jesu als prophetisch vorhergesagt zu begründen. Nicht ahnend, dass Christen in der Versuchung stehen, Glaubensaussagen für historisch bare Münze zu nehmen.

Wie die Katholiken es bis heute tun. Wären es nur die Berufs-Katholiken – halb so schlimm. Doch hat sich die Marienverehrung im Volke festgesetzt und bisweilen Formen angenommen, die nicht mehr die christliche Gottesverehrung im Mittelpunkt haben. Das Feuer der marianischen Volksfrömmigkeit wird täglich von Priestern geschürt, von studierten Theologen, die es eigentlich besser wissen müssten. Schon vor fünfhundert Jahren schilderte Philipp Melanchthon seine Marienerlebnisse:

Ich habe selbst ›Automaten‹ gesehen, das heißt, Säulen, die sich bewegten. In Wirklichkeit bewegten sie sich nicht von selbst, aber ich kann es nicht anders ausdrücken. Da ist ein Mönch hinter der Säule gestanden und hat gezogen, wenn die Leute kamen und etwas von Maria erbaten. Dann hat sie ihr Haupt den Leuten entweder zu- oder abgewendet. Wenn sie sich abwandte, gaben die Leute mehr Geld, bis sie sich wieder zuwandte. Und so schloss man dann, dass Maria erhöre.

Und heute? Die Marienwallfahrtsorte sind überlaufen. Eine vatikanische Prüfungskommission zertifiziert sie als wahrhaft »übernatürlich«, so dass die Gläubigen in Lourdes, Fátima, Guadalupe und anderswo an vermeintlich wunderträchtigen Orten stehen, die die Gottesmutter tatsächlich aufgesucht hat. Immer wieder kursieren Gerüchte von Marienstatuen, aus deren Augen Tränen rinnen. Und immer wieder sammeln sich Katholiken an diesen Orten. Es könnte ja was dran sein …

Alles, was Maria im Namen führt, übt auf Katholiken eine riesige Faszination aus. Die Kirche kommt diesem Bedürfnis gerne nach, unter anderem mit einem mariologischen Festtagskalender: Da wird das Hochfest der ohne Erbsünde empfangenen Jungfrau und Gottesmutter gefeiert, das Hochfest der Gottesmutter, der Gedenktag Unserer Lieben Frau in Lourdes, der Gedenktag unserer Lieben Frau in Fátima, das Unbefleckte Herz Mariä, außerdem Mariä Heimsuchung, Mariä Himmelfahrt, Mariä Königin, Mariä Geburt, Mariä Namen, Gedächtnis der Schmerzen Mariens, Unsere Liebe Frau vom Rosenkranz und so weiter.

Der Rosenkranz: Auch dieses Gebetsritual stammt aus dem Volk und bekam nachträglich seinen Segen von der Kirche. Einer Legende zufolge soll der heilige Dominikus eine Gebetskette, den Rosenkranz, von einer Marienerscheinung überreicht bekommen haben – als Waffe im Kampf gegen die Albigenser. Das Ziel der Gebete, die anhand von an einer Kette aufgereihten Kugeln gesprochen werden: die Ketzer zu besiegen.

Auch in der Seeschlacht von Lepanto, in der die kaiserliche Armee 1571 gegen die Türken siegte, erwies sich der Rosenkranz als erfolgreiches Kampfgebet. In ganz Europa sollen Christen vor der Schlacht den Rosenkranz gebetet haben. Die Folge: Die Katholiken waren siegreich. Unter dem Eindruck dieses Sieges setzte Papst Gregor XIII. ein Rosenkranzfest ein.

Selbst gegen die Reformatoren wurde das massenhafte Rosenkranzgebet versucht. Luther lehnte die mechanische und damit spirituell nutzlose Rosenkranzbeterei ab: »Derweilen stehet ein anderer in der Kirche, zählet die Vaterunserperlen im Rosenkranz und klappert kräftig damit, ist aber mit dem

Herzen weit weg von dem, was er mit dem Mund bekennt. Das heißt nichts gebetet. Denn zu denen spricht Gott durch den Propheten Jesaja (29, 13): ›Dies Volk betet mich an mit dem Mund, aber ihr Herz ist ferne von mir‹.«

Wer heute Rosenkranzgebete hört, kann nachempfinden, was Luther meinte. Eine Litanei, meist von Frauen während der Gebetszeiten in den Kirchen gebetet: »Heilige Maria, Mutter Gottes, bitte für uns Sünder …«

»Bitte für uns?« Warum eigentlich? Für uns Evangelische stecken katholische Theologie und Frömmigkeit voller seltsamer Wunderlichkeiten. Dass es Männer und Frauen gibt, die vorbildhaft ihren Glauben leben: ein Segen, keine Frage. Menschen, an denen auch wir uns orientieren. Wir haben auch kein Problem damit, diese Glaubensvorbilder »Heilige« zu nennen – wohl wissend, dass alle Christen heilig sind. Im ehemalig ostpreußischen Ort Heydekrug kann man in der evangelischen Pfarrkirche einen einzigartigen Beleg dafür sehen: An der rückwärtigen Wand links und rechts der Apsis hat der Königsberger Professor Richard Pfeiffer in den 1920er-Jahren auf einem Gemälde die großen Vorbilder des Glaubens verewigt: Hier sind die biblischen Gestalten Adam, Noah, Mose, Johannes der Täufer und Paulus versammelt, aus vorreformatorischer Zeit stammen die Ordensgründer Augustinus, Benedikt und Franz von Assisi. Auch die großen Reformatoren Luther, Zwingli und Melanchthon gehören dazu. Und natürlich die evangelischen Theologen und Seelsorger wie Nikolaus Ludwig Graf von Zinzendorf, Friedrich von Bodelschwingh, Johann Heinrich Wichern und Amalie Sieveking. Schließlich dürfen auch Musiker wie Johann Sebastian Bach und Georg Friedrich Händel nicht fehlen, ebenso wie die Liederdichter Paul Gerhardt und Matthias Claudius sowie die Maler Lucas Cranach und Albrecht Dürer. Es sind insgesamt etwa achtzig »Heilige«, die hier in ökumenischer Gemeinschaft versammelt sind. Der Schöpfer dieses einzigartigen Gemäldes merkt dazu an: »Nach evangelischer Auffassung gibt es keine Heiligen im Sinne besonderer Verdienste. Alle Gläubigen ohne Unterschied sind nur Gottes unwürdiges Werkzeug.« So ist es! Hingegen ist mir keine katholische Kirche bekannt, in der auch evangelische Glaubensvorbilder so nahe bei Gott stehen dürfen wie die offiziellen Heiligen der Kirche.

Dass es eine himmlische Hierarchie geben soll, in der Heilige höher als gewöhnliche Christen stehen – dieser Vorstellung kann man ja anhängen, aber sie ist schlicht unbiblisch. Jeder Mensch ist vor Gott gleich – egal ob Heiliger oder Sünder, ob Priester oder Laie, ob Mann oder Frau. Gott hält doch nicht einige Menschen auf Abstand, und andere lässt er näher an sich heran – welch eine absurde Vorstellung! Nach evangelischer Überzeugung brauchen Christen keine Fürsprecher, die ihr Anliegen oder ihren Gebetswunsch besonders dicht an das Ohr Gottes bringen. Im *Katechismus der Katholischen Kirche* jedoch lese ich genau das:

> *Die Heiligen herrschen zusammen mit Christus, sie bringen ihre Gebete für die Menschen Gott dar. Es ist gut und nutzbringend, sie um Hilfe anzurufen und zu ihren Gebeten, ihrer Macht und Hilfe Zuflucht zu nehmen, um von Gott durch seinen Sohn Jesus Christus, unseren Herrn, der allein unser Erlöser und Heiland ist, Wohltaten zu erlangen.*

Wer sich den Himmel als Stufenleiter vorstellt, erkennt die Unverfügbarkeit Gottes nicht an. Als ob sich Gott nicht selbst entscheiden könnte, wen er am Ende zu sich nimmt und wen nicht!?

Die volkstümliche Heiligenverehrung treibt so manche merkwürdige Blüte. Sie reicht vom Plastik-Christophorus, der auf dem Armaturenbrett im Takt des Straßenpflasters mit dem Kopf nickt, und endet noch lange nicht beim Reliquiensammler, der bei ebay Überreste eines Heiligen ersteigert. Ihnen allen gilt der Kommentar des (katholischen!) Humanisten Erasmus von Rotterdam:

Du verehrst die Heiligen, du freust dich, ihre Reliqui-
en zu berühren. Doch du verachtest das Beste, was sie
überliefert haben: das Beispiel des reinen Lebens.

Mit ihrer Heiligen- und Marienverehrung machen die Katholiken es uns Evangelischen weitgehend unmöglich, in
einem katholischen Gottesdienst geistliche Heimat zu finden. Johann Hinrich Wichern, der ökumenisch gesinnte Kirchenvater der evangelischen Diakonie, schlenderte 1848 über
den Berliner Boulevard »Unter den Linden«. In einer katholischen Kirche sieht er Licht, er geht hinein und kommt in
eine Andacht. »Ich habe im Stillen recht miterbaut«, schreibt
er und fügt hinzu: »Die Gebete waren evangelischen Inhalts;
hätte nur in der Litanei die Maria gefehlt, so wäre für ein
evangelisches Gemüt darin nichts Anstößiges zu finden gewesen.«
Wichern war ein in der Wolle gefärbter Lutheraner und der
Ökumene gegenüber sehr aufgeschlossen. Bemerkenswert
offen benannte er die Vorteile der Katholiken, ohne die grund-
legenden Unterschiede zu verwässern. Einmal besuchte er die
katholische Kirche in einem Münchener Stadtteil und beschrieb anschließend seine Eindrücke und Erfahrungen:

Was gemalte Bilder in der Kirche sollen, habe ich bis
dahin eigentlich nie, aber hier in der herrlichen Auer
Kirche mit dem ersten Blick verstanden. Es ist die Ver-
schleierung des natürlichen Lichts mit einem heiligen
Gewebe, um es der Seele einzuprägen, dass hier im
Tempel Gottes ein anderes Licht leuchten soll. Für-
wahr, es liegen in der katholischen Kirche, wie ich so
oft wiederholen muss, mächtige Seile, das Herz an
den Himmel zu binden, von denen wir nicht sagen
sollten, dass wir ihrer nicht bedürfen, wiewohl wir
wissen, dass sie alle zusammen das Gut des teuren
Gotteswortes, das unsere Kirche uns bietet, nicht zu
ersetzen im Stande sind.

Auch Heinrich Heine, schriftstellerischer Zeitgenosse Wicherns, zeigt sich positiv überrascht von einem Aufenthalt in einer katholischen Kirche. Aber aus anderem Grund:

> *Man mag sagen, was man will, der Katholizismus ist eine gute Sommerreligion. Es lässt sich gut liegen auf den Bänken dieser alten Dome, man genießt dort die kühle Andacht, ein heiliges Dolcefarniente, man betet und träumt und sündigt in Gedanken, die Madonnen nicken so verzeihend aus ihren Nischen, weiblich gesinnt, verzeihen sie sogar, wenn man ihre eignen holden Züge in die sündigen Gedanken verflochten hat, und zum Überfluss steht noch in jeder Ecke ein brauner Notstuhl des Gewissens, wo man sich seiner Sünden entledigen kann.*

Die Last mit der Lust

So funktioniert Katholizismus: ein ewiges Spiel von Sünde und Vergebung. Gerade auf dem Gebiet der Sexualität treibt dieser Zusammenhang seltsame Blüten. Sucht ein Katholik im Register seines Katechismus nach den die Sexualität betreffenden katholischen Geboten, wird er nur über Umwege fündig. »Steuerhinterziehung« ist ein eigenes Stichwort, »Schwarzhandel« und »Liebe« auch, bei »Sexualität« wird der Suchende verwiesen: *siehe Mensch: menschliche Geschlechtlichkeit; Ehe: Zweck.* Dort wird »Keuschheit« empfohlen, die »geglückte Integration der Geschlechtlichkeit in die Person«. Sodann ist viel von Selbstbeherrschung die Rede, von Mäßigung, Enthaltsamkeit und »kultureller Anstrengung«. »Jungfräulichkeit« und »gottgeweihte Ehelosigkeit« werden als »hervorragende« Weisen, sich »Gott hinzugeben« genannt. Eheleute sollen »in Keuschheit«, alle anderen »enthaltsam« leben.

Da sage noch einer, der Katholizismus sei sinnenfreudiger

als der Protestantismus! Die katholische Regelungswut versucht, auch die Sexualität in ihr Paragraphenwerk zu packen. Da wird Selbstbefriedigung zur »schweren ordnungswidrigen Handlung«; »körperliche Vereinigung« von Unverheirateten zum »schweren Verstoß gegen die Würde« und »schweres Ärgernis«; »homosexuelle Handlungen« sind »in keinem Fall zu billigen«, Homosexuellen soll man mit »Achtung, Mitleid und Takt« begegnen.

Einzig und allein zwischen Eheleuten ist Sexualität zugelassen. Und unvermittelt steht es da zwischen allen Verboten doch, das Wörtchen »Lust«: Beim Zeugungsakt dürfen die Gatten »Lust und Befriedigung des Leibes und Geistes erleben«, der Schöpfer habe es so eingerichtet, also kann es »nichts Böses« sein. Der nächste Satz jedoch ist schon wieder eine Maßregelung: Die Gatten »sollen sich innerhalb der Grenzen einer angebrachten Mäßigung zu halten wissen«. Außerdem sollen die Zeugungsakte »human vollzogen« werden.

Kurz gefasst: Sex: ja, aber nur in der Ehe, nur zum Zweck der Zeugung und nur »human« – was immer das bedeuten mag. Freudloser geht's nimmer. Das Hohelied der Liebe, ein Buch der Bibel, in dem die zweckfreie erotische Liebe zwischen einem Mann und einer Frau beschrieben wird, erscheint im Katechismus als Sinnbild für die Liebe zu Jesus – oder wird zu einer Darstellung ehelicher Liebe verfälscht. Arme Katholiken.

Vor allem die Priester. Ja, wer A sagt, muss auch B sagen, das stimmt schon: Wer Priester werden möchte, weiß, dass er sich »um des Himmelreiches willen« zum Zölibat verpflichten muss. Die dahinterstehende Theorie klingt überzeugend: »Weil ein Priester weniger Rücksicht auf unmittelbare Angehörige nehmen muss, kann er sich freier den Menschen zuwenden«, erklärt der Kölner Kardinal Joachim Meisner. Außerdem wolle Jesus »in den geweihten Priestern sein eigenes priesterliches Dasein fortsetzen und vergegenwärtigen«. So weit die Theorie.

Die Praxis indes sieht anders aus; folgender Satz aus dem Katechismus wird ihr kaum gerecht: »Die Unversehrtheit (des keuschen Menschen) duldet kein Doppelleben und keine Doppelzüngigkeit.« Würden die Priester nicht so unter ihrer zölibatären Situation leiden, könnte man trefflich Späße über den Zölibat machen. Viele kursieren auch. Zum Beispiel der von zwei Priestern, die sich unterhalten: »Was meinen Sie, Herr Confrater, wird nun der Zölibat aufgehoben und bekommen wir die Heiratserlaubnis?« – »Ich glaube nicht«, antwortet der andere, »dass wir das noch erleben werden, aber hoffentlich unsere Kinder.«

Der Witz beschreibt leider die Wirklichkeit. Insider behaupten: Jeder zweite Priester bricht den Zölibat. Allein in Deutschland leben Tausende Priesterkinder. Alimente werden dem Vater vom Priestergehalt abgezogen oder – bei mittellosen Mönchen – vom Orden bezahlt. Die katholische Kirche weiß das. Solange der betreffende Priester seine Vaterschaft geheim hält, darf er im Amt bleiben. Wenn nicht, wird er suspendiert. Mehr noch: Er darf die Frau, wegen der er sein Priestergelübde gebrochen hat, nicht kirchlich heiraten. Der Konflikt um den Zölibat wird auf dem Rücken der Kinder ausgetragen. Nahezu vaterlos wachsen sie auf. Und können sich in jedem Gottesdienst anhören, dass die Kirche für den Schutz der Familie eintritt.

Wie war das doch: »Keusches Leben duldet kein Doppelleben?«

Priesterkinder sind nur die Spitze des Eisbergs. Unzählige Priester haben Verhältnisse mit ihren Pfarrhaushälterinnen, charmant »Zölibatessen« genannt. Es gibt Gemeinden, die ihren Priestern einen Urlaub spendieren – zu zweit, versteht sich. Wie soll der Priester auch im Urlaub seine Ferienwohnung allein in Schuss halten?

Es geht noch weiter. Homosexuelle Priester sind ebenfalls zur Doppelmoral verdammt. Solange ihre sexuellen Aktivitäten nicht publik werden, drücken Bischöfe beide Augen zu. Der Vorwurf, die katholische Kirche unterdrücke Sexualität, trifft also gar nicht zu. Doch ein anderer Vorwurf ist nicht von der Hand zu weisen: Sie bringt ihre Amtsträger in Gewissensnot. Die Lust darf nur im Dunkeln ausgelebt werden. Was ich nicht weiß, macht mich nicht heiß, lautet die Maxime der Bischöfe, die das Dienstrecht über ihre Priester ausüben. Eigentlich nicht unsympathisch. Arbeitgeber haben nicht in die Betten ihrer Angestellten zu blicken.

Manchmal hätte die katholische Kirche allerdings schon in die Betten ihrer Angestellten schauen sollen. Nicht nur in die Betten, auch in die Schulen, in die Heime, in die Sakristeien. Tausende Kinder wurden von Priestern nachweislich sexuell missbraucht. Die Dunkelziffer ist deutlich höher. Allein in Australien wurden seit 2003 mehr als einhundert Priester und Mönche wegen sexuellen Missbrauchs verurteilt. In den USA zahlte die katholische Kirche seit 2002 rund 1,3 Milliarden Euro für die Entschädigung von Missbrauchsopfern. Gegen 5000 der 42 000 Priester in den USA wurden Missbrauchsvorwürfe laut. In Irland belegt ein unabhängiger Bericht, dass irische Erzbischöfe über Jahrzehnte systematisch Missbrauchsfälle innerhalb der Kirche vertuscht haben.

»Tief beschämt« zeigt sich Papst Benedikt XVI. über die Missbrauchsfälle auf der ganzen Welt. Dass es ausgerechnet in einer Institution mit so hohem sexualmoralischen Anspruch zu so vielen entsetzlichen Verbrechen kommt – die Gründe dafür benennt er nicht.

Die katholische Kirche hat ihre Last mit der Lust. Wären nur Priester die Leidtragenden – es wäre erträglich. Doch sie schadet den Geringsten und Verletzlichsten. Das System frisst seine Kinder.

Ja, wir Protestanten …

Ökumene kann nicht heißen, alles um des lieben Friedens willen zu relativieren. Schließlich braucht, wer den Dialog führen will, einen Standpunkt – oder ein Profil, wie es bei uns Protestanten in jüngster Zeit heißt. Warum also die eigene konfessionelle Heimat verleugnen? Und so scheue ich mich als leidenschaftlicher Protestant nicht, von den Vorzügen meiner eigenen Konfession zu schwärmen.

Glaube pur

Wir leben in einer »Second-Hand-Gesellschaft«. Soziologen behaupten, das gelte für mehrere Lebensbereiche, unter anderem Bildung, Kultur und Religion. Sie verweisen darauf, dass das Konsumieren vorgefertigter Dinge immer beliebter wird. Sich aufgrund selbstgemachter Erfahrungen und an den Originalquellen angeeigneten Wissens eine Meinung zu bilden, geschieht selten und wird eher als Mühe denn als Bereicherung empfunden. Lieber greift man auf vorsortiertes Wissen oder auf Erfahrungsberichte anderer Menschen zurück.

Auch auf dem Gebiet des Glaubens ist dieser Trend zu beobachten. Die wenigsten Menschen setzen sich eigenen Glaubenserfahrungen aus, sogar in den Bücherregalen christlicher Haushalte fristet die Bibel meist ein tristes Dasein. Leider unterstützt die katholische Kirche diesen Trend: Sie kaut den Glauben vor, legt ihn aus und drängt die Menschen dazu, an eine Auslegung zu glauben. Bestes Beispiel: Die Jesus-Bücher Papst Benedikts XVI. Was da als vermeintliche Wahrheit über Jesus angepriesen wird, ist eine durch und durch theologisch gefärbte katholische Auslegung des Lebens Jesu. Offenbar traut sich die katholische Kirche noch immer nicht, den Glauben freizugeben und dem Gläubigen die Bibel selbst in die Hand zu geben. Religiöse Selbstbestimmung scheint ihr unheimlich zu sein. Es könnte ja sein, dass Katholiken mit der Bibel in der Hand nachfragen nach der einen oder anderen unbiblischen Praktik. Ein Protestant reibt sich irritiert die Augen: Wozu in die katholischen »Tradition« sehen – sieh, das Gute und Unverfälschte liegt so nah! Evangelische Christen dürfen selber glauben und ermutigen ihre katholischen Geschwister, es ebenso zu tun: Habe Mut, dich deines eigenen Verstandes zu bedienen! Habe Mut, auch in religiösen Angelegenheiten deiner eigenen Urteilskraft zu vertrauen! Habe Mut, dir selbst die Bibel zu erschließen! Habe Mut, die Welt und die Kirchen mit dem zu konfrontieren, was du in der Bibel liest! Goethes ökumenische Hoffnung bleibt bestehen, dass die Katholiken sich von der Wahrheit dieses selbstbestimmten Glaubens mitreißen lassen:

Je tüchtiger wir Protestanten in edler Entwicklung voranschreiten, desto schneller werden die Katholiken folgen. Sobald sie sich von der immer weiter um sich greifenden großen Aufklärung der Zeit ergriffen fühlen, müssen sie nach, sie mögen sich stellen, wie sie wollen, und es wird dahin kommen, dass endlich alles nur eins ist.

Wir Evangelische sorgen dafür, dass die Menschen auf ihrer Suche nach originärem Christentum nicht ausgebremst werden. Wir geben ihnen keine neue Lehre, pfropfen keine Sonderoffenbarungen auf die biblischen Wahrheiten. Wir stellen Wegweiser auf, die das Verständnis der nicht in allen Passagen leicht zu verstehenden Bibel fördern. Diese Wegweiser führen nicht gen Rom, sondern gen Himmel. Der Glaube, den wir Evangelische verkündigen, weist zurück zu den Anfängen. Was den ersten Christen wichtig war, halten wir wach. Wann immer diese urchristliche Quelle verdunkelt wurde, entzündeten wir die Kerze des Evangeliums neu. Die Maler der beginnenden Neuzeit haben das wunderbar in Bilder gefasst. Da sieht man die demütigen Reformatoren vor einem Tisch sitzen, die Bibel im Blick und das Licht des Evangeliums in Form einer Kerze. Von vorn versuchen ein Kardinal, der Papst, dazu allerlei dämonische Wesen, die Flamme zu löschen. Es gelingt ihnen nicht. Andere Bilder zeigen Protestanten und Katholiken vor einer großen Waage stehen. In der katholischen Waagschale türmen sich allerlei liturgisches Instrument und Reliquien, in der evangelischen nur die Bibel: Sie ist gewichtiger als alle katholischen Accessoires.

Dass die Katholiken das in den kampfdurchtobten Zeiten der Reformation nicht erkennen konnten – sei's drum. Doch selbst heute erkennen die Katholiken noch nicht, dass allein die Bibel und der Glaube reichen, um ein christliches und gottgewolltes Leben zu führen. Uns Evangelische erfüllt das mit Trauer und weckt in uns die Kraft der Barmherzigkeit. Unsere Kirchen stehen allen Katholiken (wie auch den Gläubigen anderer Religionen sowie Ungläubigen) offen. Denn wir wissen: Der Glaube gehört zu jenen ganz intimen Lebensfeldern, die jeder Mensch für sich ausloten muss. Woraus wir unseren Glauben nähren, ist: Wir lesen in der Bibel. Wir versuchen unseren Glauben so zu leben, dass er dem Vorbild der Bibel gerecht wird. Und wir geben Fragenden Auskunft. Ganz im Sinne des ersten Petrusbriefes, der die Gläubigen auffordert: »Seid allezeit bereit zur Verantwortung vor jedermann, der von euch Rechenschaft fordert über die Hoffnung, die in euch ist.« Sollten Katholiken unsere Kirche als Heimat empfinden, dürfen sie natürlich gerne zu uns kommen. Aber darum geht es uns nicht. Wir schielen nicht auf Kirchenmitgliederzahlen oder auf Kirchensteuern. Uns geht es darum, dass Menschen zu Gott finden. Und darum, dass in Kirchen, die sich christlich nennen, in jesuanischem Geist Gemeinschaft gelebt und der Glaube gepflegt wird. Insofern sind wir glücklich über jeden katholischen Mitchristen, der sich in unseren Gottesdiensten Impulse und Anregungen holt, mit denen er in seiner Heimatkirche für den wahren Glauben wirkt. Heiner Geißler, der Ex-Politiker und Katholik, ist ein schönes Beispiel, dass dieses Vorhaben

gelingen kann. »Jeder intelligente Katholik ist im Inneren irgendwie auch Protestant«, vertraute er der *ZEIT* an und fuhr fort: »Die Nachfolgeorganisation der Inquisition, die Glaubenskongregation unter Kardinal Ratzinger, kann ja wohl nicht der Maßstab des Glaubens sein.« Das sind schmerzliche Worte. Aber wenn ein Katholik den eigenen Glaubensgeschwistern die Leviten liest, dann soll es wohl so sein.
Ein evangelischer Schriftsteller, Christian Graf zu Stolberg, hat sich mit seinen poetischen Mitteln dem Konfessionsthema genähert.

Der Katholik.
>   *Auf unsern Bergen wächst der Wein:*
>   *Wir müssen Gottes Kinder sein.*
Der Lutheraner.
>   *Auch wir. Der Vater liebt uns gleich:*
>   *Gab Wahrheit uns, und Reben euch.*

Welch eine Sprachkunst! Die vier Zeilen bringen die Tragik katholischer Existenz ebenso wie die Demut evangelischen Glaubens auf den Punkt. Eine Analyse lohnt: Der Katholik beginnt den kurzen Dialog, er prahlt und interpretiert das Wachstum seiner Weinreben als Zeichen göttlicher Bevorzugung. Im Wein liegt nicht unbedingt Wahrheit, Wein ist auch ein Rauschmittel. »Weh denen, die des Morgens früh auf sind, dem Saufen nachzugehen«, mahnt Gott durch den Propheten Jesaja die weinseligen Gläubigen. Das alles übersieht der Katholik. Bescheiden daneben der Lutheraner. Zu erwarten wäre, dass er einen Streit beginnt. Nein, er gibt sich stattdessen großherzig. Mit keinem Wort spricht er dem Katholiken den Glauben ab. Er will sich nur nicht ausreden lassen, dass auch die Evangelischen Gottes Kinder seien. Deeskalierend zeigt er protestantisches Profil: Gott habe den Evangelischen Wahrheit geschenkt, und die sei letztlich wichtiger als Wein. Der Lutheraner widersteht der Versuchung des Richtens, weil er weiß: Das ist Gott vorbehalten, dem Richter, der am Ende aller Zeiten jeden einzelnen Menschen in die Verantwortung nimmt. Respekt dem Dichtergrafen zu Stolberg, der diese konfessionellen Unterschiede mit so wenigen Worten zum Ausdruck gebracht hat!

Die Kraft des Wortes

Der Schriftsteller Georg Herwegh hat schon im 19. Jahrhundert erkannt:

> Mit dem ersten Dichter wurde der erste Protestant geboren; schon Homer war ein Protestant. Der Protestantismus war dem Begriffe nach längst in der Poesie vorhanden, ehe die Religion noch den glücklichen, zutreffenden Ausdruck für denselben gefunden hatte.

Da wir Evangelische wieder das wahrhaftige Wort in den Mittelpunkt des Glaubens gestellt haben, zeigen Schriftsteller aller Zeiten eine große Affinität zu uns – und umgekehrt. Ja, Poesie ist die Sprache der Evangelischen. Ach, so viele Beispiele ließen sich zitieren. Nur einige greife ich heraus. Ergreifend dichtete Hermann Hesse:

> Immer wieder, auch in diesen Tagen,
> ist der Heiland unterwegs, zu segnen,
> unsern Ängsten, Tränen, Fragen. Klagen
> mit dem stillen Blick zu begegnen.

Grandios zurückgenommen beschreibt Hesse auch den Karfreitag:

> Baumknospen stehn von Tränen blind,
> Der Himmel hängt so bang und nah,
> Und alle Gärten, Hügel sind
> Gethsemane und Golgatha.

Der dänische Theologe Sören Kierkegaard wählte Poesie, um seinen evangelischen Glauben auszudrücken:

Als mein Gebet immer andächtiger und innerlicher wurde,
da hatte ich immer weniger und weniger zu sagen.
Zuletzt wurde ich ganz still.
Ich meinte erst, Beten sei Reden.
Ich lernte aber, dass Beten nicht bloß Schweigen ist,
sondern Hören.

Oft wird uns Protestanten nachgesagt, vor allem von katholischer Seite, wir seien zu wortlastig. Ein Klischee und durch nichts zu belegendes Vorurteil. Natürlich steht die Verkündigung des Wortes – ganz und gar biblisch – in protestantischen Gottesdiensten im Mittelpunkt, und ebenso natürlich ziehen wir im Gottesdienst das Wort dem Bild vor – denn das Wort birgt nicht die Gefahr der Suggestion, die von Bildern ausgeht. Wir wissen um die suggestive Kraft vermeintlich schöner Sinneseindrücke. Die Sinne lassen sich leicht betören durch Weihrauchduft und goldenen Barock. Wir wissen um die Verführbarkeit der Menschen. Deswegen sind wir vorsichtig mit Bildern. Auch nehmen wir das biblische Bilderverbot ernst: »Ihr sollt euch kein Bildnis machen ...«

Aus Zeilen wie denen Kierkegaards kann selbst der voreingenommene Leser entnehmen: Zum Wesen des Evangelischseins gehört das Schweigen. Kontemplation ist uns wichtig, Besinnung im wahrsten Sinn des Wortes. Der Glaube bietet uns kein starres System von Antworten und Verhaltensanweisungen, sondern bleibt lebenslange Aufgabe und hält uns damit lebendig. Das wusste schon Martin Luther: »Das christliche Leben ist nicht Frommsein, sondern ein Frommwerden.«

Unsere Antworten finden wir in der Besinnung. So wie Rainer Maria Rilke, der schwer beeindruckt von Kierkegaards

Theologie war. Er beschrieb die evangelisch-mystische Grundhaltung wie folgt:

> Ich kreise um Gott, um den uralten Turm,
> und ich kreise jahrtausendelang;
> und ich weiß noch nicht: bin ich Falke, ein Sturm
> oder ein großer Gesang.

Der evangelisch aufgewachsene Dichter Johannes Scheffler
formulierte:

> Wird Christus tausendmal
> Zu Bethlehem geboren
> Und nicht in dir:
> Du bleibst doch ewiglich verloren.

Dass Scheffler im Erwachsenenalter 1652 zum Katholizismus übertrat und sich den Namen Angelus Silesius gab,
macht Sinn. In der Folge konnte er seine durch und durch
evangelischen Anschauungen auch in der katholischen Kirche verbreiten.

Sinn und Geschmack für das Unendliche

Wir Evangelische sind dem Wort zugetan, wissen aber dennoch auch das Gefühl zu schätzen. Der Berliner Theologe
Friedrich Daniel Ernst Schleiermacher hat das Gefühl auf seriöse Art und Weise in die Theologie eingebracht, besser:
»eingedacht«. »Über die Religion – Reden an die Gebildeten
unter ihren Verächtern« hieß seine kleine Schrift, die 1799
erschien. Der Inhalt zieht bis heute all jene in den Bann, die
sich von der Kirche und vom Christentum abgewandt haben, denen Dogmatismus und pastorale Überheblichkeit ein
Greuel sind. Sie fanden und finden in den »Reden über die
Religion« ganz und gar unerhörte Thesen. Da beschreibt ein

Theologe den Glauben nicht mit der Bibel, mit der Zugehörigkeit zu einer Kirche oder dem Fürwahrhalten bestimmter Glaubensgrundsätze. Nein, im Gefühl sei der Glaube verwurzelt. Religion sei »Sinn und Geschmack für das Unendliche«, lasen und lesen sie, »mitten in der Endlichkeit eins werden mit dem Unendlichen und ewig sein in einem Augenblick, das ist die Unsterblichkeit der Religion«.

Bei alldem missionierte Schleiermacher nicht, sondern er warb und gab Auskunft über seine eigenen Glaubenserfahrungen:

> *Als Mensch rede ich zu Euch von den heiligen Mysterien der Menschheit nach meiner Ansicht, von dem, was in mir war als ich noch in jugendlicher Schwärmerei das Unbekannte suchte.*

Das Innere der Menschen sei der Ort, an dem die wahren Entscheidungen fallen. Den Lesern wird klar: Hier spricht kein Theologe von oben herab über Moral oder Metaphysik. Hier schreibt jemand mit Herzblut. Das »Gefühl«, von dem er spricht, ist keine oberflächliche Duselei, sondern eine Art unmittelbares Selbstbewusstsein. Religion sei »das Gefühl schlechthinniger Abhängigkeit«; Gott »das Woher des Abhängigkeitsgefühls«. Der »Kulturprotestant« Schleiermacher gilt in diesem Sinne auch als Urvater des typisch deutschen Verständnisses von Weihnachten: Dieses Fest entspreche mit seinem gefühlsbetonten Zugang zum Glauben auf geradezu vollkommene Weise dem Wesen des Christentums.

Folgerichtig stellt Schleiermacher Christus in den Mittelpunkt seiner Theologie. Seine These: Der Mensch will in der Welt aufgehen und Gott keinen Raum geben. Die Erlösung aus dieser sündigen Situation kann nur »durch einen schöpferischen göttlichen Akt« geschehen: durch Jesus Christus. Er bildet mit Gott und Welt eine ungetrübte Einheit; durch seine versöhnende und erlösende Tätigkeit zieht Christus die Menschen in die Geeintheit hinein.

Die Gedanken sind frei

Warum die evangelische Kultur so große Denker hervorbringt? Weil wir das Denken nicht domestizieren. Während der Vatikan bis ins 20. Jahrhundert hinein theologische Werke kirchlicher Lehrer mit dem Instrument der Imprimatur zensierte, dürfen evangelische Denker seit Luthers Zeiten ihre Bücher veröffentlichen, ohne Angst um ihr täglich Brot haben zu müssen. Katholische Querdenker wie Hans Küng oder Eugen Drewermann werden mit einem Lehrverbot belegt. Evangelische Gelehrte kennen keine Schere im Kopf. Denn sie wissen, dass ihre Kirche in einem Ideal mit der Volksseele eins ist: »Die Gedanken sind frei!« Das Motiv dieses deutschen Volkslieds findet sich schon bei Cicero, der mittelalterliche Lyriker Walther von der Vogelweide hat es aufgenommen, vom revolutionär gesonnenen evangelischen Germanisten Hoffmann von Fallersleben stammt die heute bekannte Version des beliebten Volkslieds. »Und sperrt man mich ein im finstern Kerker, das alles sind rein vergebliche Werke«, heißt es in der vierten Strophe. Wir Evangelische haben verinnerlicht: Freiheit gehört zum Wesen des Glaubens. Wer sie gewaltsam zu unterdrücken versucht, hindert den Glauben und stellt sich Gott in den Weg.

Auch für die Wissenschaft der Theologie ist Freiheit eine maßgebliche Voraussetzung. Die Bibel mit kritisch-wissenschaftlichen Methoden zu erforschen, ist erlaubt – nein, mehr noch: Sie ist geboten! Die natürliche Autorität der Bibel ist groß genug, die Anfragen und Analysen der Exegeten zu ertragen. Gerecht werden wir ihr am ehesten, wenn wir sie in evangelischem Geist aufschlagen. Während der *Katholische Katechismus* sich nach Gutdünken einzelne Bibelzitate zum Beleg der eigenen Glaubenslehre herausgreift, überzeugt uns Evangelische der Rat Martin Luthers. Jede Bibelstelle sei daraufhin zu befragen, ob »Christum sie treibet«. Christus ist der Mittelpunkt der Bibel, er ist der Fixpunkt, auf den hin die so unterschiedlichen Geschichten und Prophezeiungen, Weisheiten und Gebete, Gleichnisse und Anekdoten hingeordnet sind. Und Evangelischen ist dieses Buch »heilig« – nicht nur, weil es das Wort Gottes ist, sondern auch in einem ganz weltlichen Sinn: Die neugierige Eva und der mordende Kain, die ehebrecherische Batseba, der klagende Hiob und der eifernde Amos, der weinende Petrus und die unerschrockene Maria Magdalena – all diese Menschen der Bibel mit ihren mal kleingläubigen, mal kühnen Versuchen, das Leben und ihr Scheitern zu meistern, sind uns Evangelischen ans Herz gewachsen. Diese bunte Schar von Huren, Heuchlern und Heiligen, die alle doch eigentlich nur auf der Suche nach Liebe und Vergebung sind. Nach einem Leben, das gelingt, in dem sie sich und Gott näherkommen. Ein Leben, das nicht stillsteht, sondern im Fluss ist, wie Martin Luther es beschrieb:

Das Leben ist nicht ein Frommsein, sondern ein Frommwerden, nicht eine Gesundheit, sondern ein Gesundwerden, nicht ein Sein, sondern ein Werden, nicht eine Ruhe, sondern eine Übung. Wir sind's noch nicht, wir werden's aber. Es ist noch nicht getan oder geschehen, es ist aber im Gang und Schwang. Es ist nicht das Ende, es ist aber der Weg.
Es glüht und glänzt noch nicht alles, es reinigt sich aber alles.

Die Bibel ist mehr als eine Sammlung bewegender Bücher und Geschichten. Wirklich faszinierend wird sie dadurch, dass sie nicht nur grandios erzählt, sondern ihren Leserinnen und Lesern gleichzeitig einen Spiegel vorhält. Unaufdringlich fordert sie dazu auf, das eigene Leben zu durchleuchten. Als ob die Bibel meine tiefsten Sorgen und Abgründe kennt und weiß, wo Trost zu finden ist. Die Theologin Dorothee Sölle hat das einmal auf den Punkt gebracht, als sie sagte: »Nicht du liest die Bibel, die Bibel liest dich.« Martin Luther formulierte ähnlich:

Es sind ja doch nicht Leseworte, sondern lauter Lebe-worte darin, die nicht zum Spekulieren und zu hohen Betrachtungen, sondern zum Leben und Tun herge-setzt sind.

Das ist letztlich die Kraftquelle jeder evangelischen Predigt: Das Verstehen biblischer Verse steht nur vordergründig im Mittelpunkt. Viel bedeutender ist: Die Bibel wirft ein Licht auf unser christliches Leben. Die »Heiligkeit« der Bibel besteht für uns Evangelische nicht darin, dass sie uns entrückt, sondern darin, dass sie uns täglich Brot ist. Deswegen tragen wir sie auch nicht mit großem Pomp auf den Händen durch den Kirchenraum. Deswegen küssen wir sie nicht und beweihräuchern sie nicht. Dafür ist sie uns einfach zu wichtig. Evangelisch zu sein bedeutet: Wir verehren die Bibel, indem wir sie nutzen. Noch zugespitzter: Nicht wir küssen sie, sondern sie küsst uns. Sie lässt uns teilhaben an der Liebe, die uns im Evangelium verheißen ist. Die Bibel ist uns zu nahe, um in einem katholischen Sinne »heilig« zu sein.

Das protestantische Prinzip

Uns Evangelischen sei eben nichts heilig: Auch diesen Vorwurf müssen wir uns anhören. Wir hätten ja keine Heiligen, wird gesagt, wir würden mit dem heiligen Abendmahl unangemessen lax umgehen, wir würden den christlichen Glauben der Profanisierung überlassen. Wir leben mit diesem Vorwurf und wissen: Er beruht entweder auf Boshaftigkeit oder auf Unkenntnis. Gegen das Erste können wir nichts tun. Gegen das Zweite schon: erklären. Wie wir mit dem Heiligen umgehen, ist freilich nicht so leicht zu verstehen wie die katholische Heiligenfrömmigkeit. Am besten hat der Theologe und Philosoph Paul Tillich diesen Aspekt beschrieben. Er fragte sich, wie man Heiliges und Profanes unterscheiden könne. Die Antwort, die er fand, ist unter dem Begriff »protestantisches Prinzip« bekannt geworden. Mit zwei philosophischen Begriffen beschreibt er es: Sobald sich das endlich Bedingte zum göttlich Unbedingten erhebe, würde das protestantische Prinzip aktiviert. Es tritt dafür ein, dass das Endliche transparent für das Unendliche wird, jedoch dürfe beides nicht verwechselt werden. Die Grenze zwischen Heiligem und Profanem ist also durchlässig; alles Profane kann Träger des Heiligen werden, so wie aber auch alles Heilige profan werden kann. Sobald das Profane jedoch den Anspruch des Göttlichen erhebe, sei Einspruch gefordert. Zum Beispiel wenn eine Nation göttliche Verehrung fordert. Aber auch, wenn religiöse Institutionen ihre menschlichen Riten und Theorien als göttliche Wahrheit anpreisen und von Gläubigen Verehrung verlangen. Der evangelische Theologe Heinz Zahrnt erklärte es so:

> Das protestantische Prinzip greift alle geheiligten Autoritäten, Mächte, Überlieferungen, Lehren und Institutionen an und unterwirft sie der Kritik. Es kämpft gegen jede Vergegenständlichung Gottes, es duldet keine heiligen Orte, Personen, Handlungen und Stunden: Niemand kann das Göttliche an Raum und Zeit binden.

Lange vor Tillich goss Pastorensohn Matthias Claudius das protestantische Prinzip in einen Liedvers:

> Gott, lass dein Heil uns schauen,
> auf nichts Vergänglichs trauen,
> nicht Eitelkeit uns freun.
> Lass uns einfältig werden
> und vor dir hier auf Erden
> wie Kinder fromm und fröhlich sein.

In ähnlicher Spannung sieht Tillich die Theologie. Sie ist keineswegs dazu da, zeitlose Wahrheiten zu zementieren (mit Claudius gesprochen: dem Vergänglichen zu trauen):

Sie muss die Wahrheit der christlichen Botschaft aus-
sprechen und sie muss diese Wahrheit für jede Gene-
ration neu deuten. Theologie steht in der Spannung
zwischen zwei Polen: der ewigen Wahrheit ihres Fun-
daments und der Zeitsituation, in der diese Wahrheit
aufgenommen werden soll.

Kühnheit und Weite der Gedanken, dazu Freiheit des Denkens und eine am Verstand geprüfte Frömmigkeit: Eine dem
christlichen Glauben angemessenere Haltung ist schlechter-
dings nicht vorstellbar.

»Rechtfertigung allein aus Gnade«: Martin Luther, der diesen Gedanken des Paulus wieder aufgegriffen hatte, sorgte
für eine atemberaubende Theologiegeschichte. Das »protestantische Prinzip« Tillichs ist nichts anderes als eine neue
denkerische Durchdringung der Rechtfertigung. Protestantisch zu leben bedeutet, Einspruch zu erheben gegen jede Art
von Vergöttlichung. Dazu gehört auch die Umdeutung unseres Handelns zu guten Werken. Mit der Bibel sind wir überzeugt: Gute Werke sind keine Bedingung für das Heil. Der
Reformator Johannes Calvin drückte es so aus: Gott »ergießt
in Menschen, die er ohne Werke erwählt hat, die Reichtümer
seiner Güte«. Diese Reichtümer zeigen notwendigerweise
Früchte – in Form guter Werke. Eine »aufrichtige Liebes-
gesinnung« sei Folge des Glaubens. Der moderne Theologe
Helmut Thielicke fand folgende Worte für denselben Sach-
verhalt:

Gott liebt uns nicht, weil wir so wertvoll wären, son-
dern es ist umgekehrt: Wir sind so wertvoll, weil Gott
uns liebt.

Diese theologische Weichenstellung hat eine weitere Konse-
quenz: Wir erliegen nicht so leicht der Selbstüberschätzung.
Denn wir wissen um die Bedingtheit jeder Aussage über
Gott und jedes vermeintlich noch so fromme Handeln. In

allen Glaubenseifer mischt sich bei uns die stets gegenwärtige Erkenntnis: Es könnte ja auch anders sein.

Geht es um Gott, lassen wir fromme Vorsicht walten. Bei allem Respekt und aller Toleranz entlarven wir all jene, die für sich göttliche Ehre beanspruchen, als anmaßend. Und so fühlten wir uns ganz und gar nicht angesprochen, als die BILD-Zeitung anlässlich der Wahl Joseph Kardinal Ratzingers zum Papst mit stolzgeschwellter Brust titelte: WIR SIND PAPST. Dass der Wanderprediger aus Nazareth einen Theologen aus Marktl am Inn in seine Liebe und Jüngerschar aufnimmt, ist nicht zu bezweifeln. Der Gedanke jedoch, ihn als Stellvertreter Christi auf Erden den anderen Christen vorzuziehen, ist uns wesensfremd.

Aber wir wollen nicht rechten. Und wir wollen unseren katholischen Glaubensgeschwistern nicht unnötig das Leben und den Glauben schwer machen. Denn wir wissen uns bei aller Anfechtung in jeder Lebenslage von Gott behütet. Und deshalb stimmen wir herzhaft in Dietrich Bonhoeffers Trostzeilen ein, die mittlerweile mehrfach vertont sind und sogar katholische Christen anrühren:

Von guten Mächten wunderbar geborgen,
erwarten wir getrost, was kommen mag.
Gott ist mit uns am Abend und am Morgen
Und ganz gewiss an jedem neuen Tag.

Glaubensmut in dunklen Zeiten

Geht es um die Ökumene, rufen wir Protestanten uns ins Gedächtnis: Es geht nicht nur um theologische Fachfragen und Glaubenssätze, um Riten und Liturgien. Unzählige unserer Glaubensbrüder und -schwestern wurden vom 16. Jahrhundert an buchstäblich ins Feuer geschickt. Als Ketzer wurden evangelische Christen zum Tode zu Tausenden verurteilt.

So schrecklich das Schicksal der Evangelischen auch war – ihre Hoffnung haben sich die todgeweihten Christen nicht nehmen lassen. Als sich der Himmel über den französischen Städten durch den Rauch der Scheiterhaufen verdunkelte, mischten sich Psalmengesänge in die apokalyptische Szenerie. Die evangelischen Märtyrer drückten damit ihre Hoffnung darauf aus, dass sie nach dem irdischen Tod ins himmlische Reich aufgenommen würden.

Die Katholiken ließen sich dadurch nicht beeindrucken. Sie straften unsere konfessionellen Vorfahren noch schrecklicher. Im Blutrausch metzelten sie in der Bartholomäusnacht am 24. August 1572 in Paris Tausende Evangelische nieder. In den folgenden Monaten weiteten sich die Massaker auf andere französische Städte aus, bis zu 15 000 Hugenotten (so der Name der evangelischen Christen Frankreichs) fielen ihnen zum Opfer. Nach Vollzug ließ Papst Gregor XIII., eine der prägenden Gestalten der Gegenreformation, zum Dank ein *Te Deum* singen und eine Gedenkmünze prägen. Sie zeigt einen Engel mit Kreuz und Schwert vor ermordeten Protestanten. Nicht nur in Frankreich, auch in anderen katholischen Regionen loderten die Scheiterhaufen.

Mit Respekt und Hochachtung können wir auf die Courage der Opfer blicken. Sie standen vor der Wahl: Wer dem lutherischen Glauben abschwor, hatte eine Chance, sein Leben zu bewahren. Wer standhaft blieb, musste durchs Feuer gehen.

Ein Gedicht aus dem Jahr der Bartholomäusnacht zeigt, mit wie viel List und Gottvertrauen sich ein Hugenotte namens Henry Amphonse sein Leben bewahren wollte, ohne den Glauben zu verleugnen. In einem Gedicht bezeugte er, dass er zum katholischen Glauben zurückgekehrt sei:

Ich sage gänzlich ab　　*Der Römer Lehr und Leben*
Luthero bis ins Grab　　*hab ich mich ganz ergeben*
Ich lache und verspott　　*Die Mess und Ohrenbeicht*
Lutheri sein Gebot　　*ist mir ganz sanft und leicht*

Ich hasse mehr und mehr	*All die das Papsttum lieben*
Lutheri seine Lehr	*Hab ich ins Herz geschrieben*
Bei mir hat keinen Stand	*All römisch Priesterschaft*
Was Luthern ist verwandt	*Lieb ich mit aller Kraft*
Wer Lutherisch verstirbt	*Das Himmelreich soll erben*
In Ewigkeit verdirbt	*Wer römisch bleibt im Sterben*

Ob sich die katholischen Glaubenswächter mit diesem Bekenntnis zufriedengegeben haben, ist nicht überliefert. Vielleicht waren sie klug genug, die Doppelzüngigkeit des Textes zu entdecken. Dass die beiden Strophen nebeneinandergesetzt wurden (damals wie heute), geschah mit Hintergedanken. Wer wollte, konnte die Strophenzeilen jeweils hintereinander lesen und kam so zu einem glorreichen Lob des evangelischen Glaubens. Im Angesicht des Todes die Machthaber mit verschlungenen Reimen zum Narren halten: Das zeugt von wahrer evangelischer Größe!

Im zwanzigsten Jahrhundert fanden sich die deutschen Protestanten in einer dunklen Situation ganz anderen Maßstabes. Die Nationalsozialisten forderten auch von den Christen bedingungslosen Gehorsam. Während der Vatikan mit den Diktatoren diplomatisch lavierte, war das protestantische Kirchenlager gespalten. Große Teile der evangelischen Christen zeigten sich anfällig für das nationalsozialistische Gedankengut und dienten als »Deutsche Christen« den braunen Machthabern. Der Obrigkeit zu gehorchen, erklärten sie zur christlichen Tugend. Kritische Kirchenmänner und -frauen wie Heinrich Albertz, Dietrich Bonhoeffer, Karl Barth, Rudolf Bultmann, Otto Dibelius, Helmut Gollwitzer, Anni von Gottberg, Stephanie von Mackensen, Martin Niemöller, Kurt Scharf, Elisabeth Schmitz und viele, viele andere jedoch zeigten sich widerständig. In der »Bekennenden Kirche« boten sie den Nationalsozialisten Paroli. Das theologische Rüstzeug dazu fanden sie unter anderem beim Genfer Reformator Johannes Calvin, der die Wahrung der »Ehre Gottes« zum obersten Maßstab christlicher Existenz erklärt hatte. Aus diesem Geist verfassten 1934 evangelische Theologen die »Barmer Theologische Erklärung«, in der es heißt:

Wir verwerfen die falsche Lehre, als könne und müsse die Kirche als Quelle ihrer Verkündigung außer und neben diesem einen Worte Gottes auch noch andere Ereignisse und Mächte, Gestalten und Wahrheiten als Gottes Offenbarung anerkennen …

Wir verwerfen die falsche Lehre, als gebe es Bereiche unseres Lebens, in denen wir nicht Jesus Christus, sondern anderen Herren zu eigen wären …

Wir verwerfen die falsche Lehre, als solle und könne der Staat über seinen besonderen Auftrag hinaus die einzige und totale Ordnung menschlichen Lebens werden und also auch die Bestimmung der Kirche erfüllen …

Ja: Viel zu wenige Protestanten erhoben ihre Stimme. Große Teile der evangelischen Kirche ließen sich »gleichschalten«, viele Pastoren sahen in Adolf Hitler Gott am Werke und legten einen Führereid ab. Nach dem Ende des Krieges, als das ganze Ausmaß der nationalsozialistischen Schreckensherrschaft offenbar wurde, legte der Rat der Evangelischen Kirche in Deutschland im Oktober in Stuttgart ein bemerkenswertes Schuldbekenntnis ab.

Durch uns ist unendliches Leid über viele Völker und Länder gebracht worden. Was wir unseren Gemeinden oft bezeugt haben, das sprechen wir jetzt im Namen der ganzen Kirche aus: Wohl haben wir lange Jahre hindurch im Namen Jesu Christi gegen den Geist gekämpft, der im nationalsozialistischen Gewaltregiment seinen furchtbaren Ausdruck gefunden hat; aber wir klagen uns an, dass wir nicht mutiger bekannt, nicht treuer gebetet, nicht fröhlicher geglaubt und nicht brennender geliebt haben.

Zwei Jahre später ging der »Bruderrat der EKD« noch schärfer mit sich ins Gericht:

> *Wir sind in die Irre gegangen, als wir meinten, eine Front des Guten gegen die Bösen, des Lichtes gegen die Finsternis, der Gerechten gegen die Ungerechten im politischen Leben und mit politischen Mitteln bilden zu müssen. Damit haben wir das freie Angebot der Gnade Gottes an alle durch eine politische, soziale und weltanschauliche Frontenbildung verfälscht und die Welt ihrer Selbstrechtfertigung überlassen.*

In vorbildlicher Weise haben Evangelische ihre Schuld bekannt und einen Neuanfang vollzogen. Besonders die Theologie des hingerichteten Pastors Dietrich Bonhoeffer, der sich aus Glaubensgründen dem Widerstand gegen Hitler angeschlossen hatte, geriet in den Fokus der Aufmerksamkeit und wurde prägend für die evangelische Ethik der Nachkriegsära.

> *Ich glaube, dass Gott aus allem, auch aus dem Bösesten, Gutes entstehen lassen kann und will. Dafür braucht er Menschen, die sich alle Dinge zum Besten dienen lassen. Ich glaube, dass Gott uns in jeder Notlage so viel Widerstandskraft geben will, wie wir brauchen. Aber er gibt sie nicht im Voraus, damit wir uns nicht auf uns selbst, sondern allein auf ihn verlassen. In solchem Glauben müsste alle Angst vor der Zukunft überwunden sein. Ich glaube, dass auch unsere Fehler und Irrtümer nicht vergeblich sind, und dass es Gott nicht schwerer ist, mit ihnen fertig zu werden als mit unseren vermeintlichen Guttaten. Ich glaube, dass Gott kein zeitloses Fatum ist, sondern dass er auf aufrichtige Gebete und verantwortliche Taten wartet und antwortet.*

Liturgie für den ganzen Menschen

Sonntagmorgen, Viertel vor zehn in einer norddeutschen evangelischen Backsteinkirche. Die Kirchenbänke sind zur Hälfte besetzt, die Stimmung gelöst. Ein Küster entzündet Kerzen auf dem Altartisch, bringt dann einen silbernen Krug und eine Schale. Ein großes farbiges Bild ziert die Vorderwand. Es zeigt einen dunkelhäutigen Christus in rotem Gewand, die Arme weit und einladend ausgebreitet. Bei näherem Hinsehen entpuppt sich das Kreuz als grünender Baum, der die ganze Welt mit Freud und Leid, Leben und Tod, Wohltaten und Sünden umwächst.

Ein Kantor tritt vor die Gemeinde und sagt, er wolle ein neues Morgenlied mit der Gemeinde einstudieren. Zeile für Zeile singt er es vor:

> *Auf und macht die Herzen weit,*
> *euren Mund zum Lob bereit.*
> *Gottes Güte, Gottes Treu,*
> *sind an jedem Morgen neu.*

Die Melodie ist beschwingt und leicht zu lernen. In der vierten Strophe heißt es: »Gottes Liebe deckt die Schuld, trägt die Sünder in Geduld.« Nach zehn Minuten kann die Gemeinde das Lied singen. Der Kantor erklärt die Herkunft des Liedes: Die Melodie geht auf einen alten Tempelgesang aus China zurück, der Text auf ein englisches Kirchenlied aus dem 17. Jahrhundert. Die Strophen stammen von deutschen Pastoren des 20. Jahrhunderts. In diesem Lied steckt also die weltumfassende und gegenwärtige Wirklichkeit des Protestantismus.

Glockenklang dringt in den Kirchenraum. Als er verebbt, tritt eine Pastorin nach vorn. Über ihren schwarzen Talar hat sie eine bunt bestickte Stola gelegt. Die Regenbogenfarben auf dem Schwarz der Amtstracht signalisieren: Christen setzen dem Dunkel der Welt leuchtende Hoffnung entgegen. Mit freundlichem Gesicht begrüßt die Pastorin die Gemeinde: »Schön, dass Sie da sind! Wir feiern diesen Gottesdienst im Namen Gottes, der uns Mutter und Vater ist, im Namen seines Sohnes Jesus Christus und im Namen des Heiligen Geistes. Amen.« Die Orgel stimmt das Lied an, bemerkenswert laut singt die Gemeinde: »Auf und macht die Herzen weit ...« Protestanten lernen schnell. Ein erhebendes Gefühl: Womöglich singen die evangelischen Gemeinden in China, in London und Berlin auch dieses Lied?

Die Pastorin spricht mit der Gemeinde im Wechsel einen Psalm.

Gott, sei mir gnädig nach deiner Güte,
und tilge meine Sünden nach deiner großen Barm-
herzigkeit.
Wasche mich rein von meiner Missetat,
und reinige mich von meiner Sünde;
denn ich erkenne meine Missetat,
und meine Sünde ist immer vor mir.
Schaffe in mir, Gott, ein reines Herz,
und gib mir einen neuen, beständigen Geist.
Verwirf mich nicht von deinem Angesicht,
und nimm deinen Heiligen Geist nicht von mir.
Erfreue mich wieder mit deiner Hilfe,
und mit einem willigen Geist rüste mich aus.

Sündenvergebung hat für Evangelische nicht unbedingt etwas mit Ohrenbeichte zu tun. Sünde ist ein Zustand des Getrenntseins von Gott, es geht hierbei um die direkte Verbindung zwischen Gott und dem Gläubigen. Aus diesem Grund haben die evangelischen Kirchen einen liturgischen Rahmen geschaffen, in dem Sünde gebeichtet werden kann und Entlastung zugesprochen wird. Wem das gottesdienstliche Sündenbekenntnis nicht reicht, wen die Schuld allzu schwer drückt, kann im persönlichen Beichtgespräch gemeinsam mit dem Seelsorger oder der Seelsorgerin um Vergebung bitten. Dass in diesem Gottesdienst die Sünden mit den Worten des Psalmisten bekannt werden, geht auf die reformierte Tradition zurück. In einzigartiger Weise würden die Psalmen den christlichen Glauben ausdrücken, war Johannes Calvin überzeugt. In unaufdringlicher Weise beten evangelische Christen im wechselseitigen Zitat die biblischen Texte und wissen sich damit zugleich mit ihren jüdischen Glaubensgeschwistern verbunden. Es ist also eine fromme Mär, wenn immer wieder behauptet wird, die evangelischen Kirchen würden die Beichte nicht kennen. Es gibt sehr wohl eine protestantische Beichttradition, die vor allem am Buß- und Bettag gepflegt wird. Aber die Beichte ist eben kein Sakrament, sondern ein Akt der Seelsorge.

»Kyrie eleison« – »Herr, erbarme Dich«, singt die Gemeinde nun. Eine Melodie, die aus Taizé stammt, eine Kommunität, die nach dem Zweiten Weltkrieg von dem reformierten Theologen Roger Schutz gegründet wurde. In jedem Jahr besuchen Tausende Jugendliche aus ganz Europa und allen christlichen Konfessionen die Kommunität im französischen Burgund. Sie genießen die Gemeinschaft, die Stille und die Frömmigkeit der Brüder, die hier leben. Neben täglichen Bibelgesprächen üben die Gesänge aus Taizé eine große Faszination aus. Viele von ihnen sind über die Jahrzehnte in die evangelischen Kirchengesangbücher eingegangen. So auch dieser wunderschöne Kyrie-Gesang, den die gemeinhin als unterkühlt geltenden norddeutschen Protestanten singen.

Eine ganz andere evangelische Tradition hat der folgende liturgische Gesang:

Allein Gott in der Höh sei Ehr
und Dank für seine Gnade,
darum, dass nun und nimmermehr
uns rühren kann kein Schade.
Ein Wohlgefalln Gott an uns hat:

nun ist groß Fried ohn Unterlass,
all Fehd hat nun ein Ende.

Der Text stammt von Nikolaus Decius, einem ehemaligen Benediktinermönch, der an der Wittenberger Universität die Wahrheit des evangelischen Glaubens entdeckt hatte und sie fortan in Kirchenliedtexte fasste. Von ihm stammen die ältesten Gemeindegesänge der Reformation. Wie selbstverständlich klingt es heute, dass »allein Gott in der Höh« die Ehre gegeben werde. Doch es ist evangelische Lehre pur, denn gleichzeitig ist es eine Absage an alle anderen Mächte, die mit Gott in Konkurrenz treten wollen.

Ein älterer Herr tritt ans Rednerpult und liest einen Text aus der Bibel. Quasi als Antwort auf das Wort Gottes erhebt sich die Gemeinde und spricht das Glaubensbekenntnis: »Ich glaube an Gott … und an Jesus Christus… an den Heiligen Geist, die heilige christliche Kirche.«

Katholische Christen bekennen an dieser Stelle, dass sie an »die heilige katholische Kirche« glauben. Wahrscheinlich wissen die wenigsten Katholiken, dass damit nicht die römisch-katholische Kirche, sondern die eine alles umfassende Kirche Jesu Christi gemeint ist. Aber warum sollte »christlich« nicht genügen? Jedem Christen, gleich welcher Herkunft, ist damit ermöglicht, frei von Missverständnissen dieses Bekenntnis mitzusprechen. So geben wir dem Gottesdienst eine zusätzliche kleine, aber deutlich ökumenische Komponente.

Die Orgel intoniert das nächste Lied, offensichtlich ist es der Gemeinde wohlbekannt:

Gott ist gegenwärtig.
Lasset uns anbeten
und in Ehrfurcht vor ihn treten.
Gott ist in der Mitte
Alles in uns schweige
und sich innigst vor ihm beuge.

...

Mache mich einfältig,
innig, abgeschieden,
sanft und still in deinem Frieden.

...

Herr, komm in mir wohnen,
lass mein' Geist auf Erden
dir ein Heiligtum noch werden.

Melodie und Text spiegeln die Tradition der reformierten Mystik. Gerhard Tersteegen, ein niederrheinischer Prediger und Schriftsteller des 18. Jahrhunderts, hat unter anderem die Texte der spanischen Mystikerin Teresa von Avila übersetzt und verband sie mit evangelischer Frömmigkeit. Die Art, wie Tersteegen Gott als gegenwärtig beschreibt, zeigt: Evangelische brauchen keinen Tabernakel, in dem der »Leib Christi« aufbewahrt wird. Glaube hat mit Innerlichkeit zu tun, auch mit der Einladung Gottes in die eigene Seele. Evangelischer Glaube baut auf Vertrauen und Gnade; er braucht keine kultischen Verehrungsgegenstände.

Kaum ist das Lied verklungen, richten sich die Augen auf die Pastorin, die inzwischen auf der Kanzel steht. Ein Anblick, den katholische Christen nur bei Ausflügen in evangelische Gottesdienste genießen können. Anders als sie sind wir Protestanten davon überzeugt: Gottes Wort kann durch Frauen genauso gut wie durch Männer verkündet werden. Gott sei Dank hat sich diese Einsicht – wenn auch viel zu spät – in den evangelischen Kirchen in den letzten Jahrzehnten durchgesetzt. 1958 wurde in Deutschland die erste Frau zur Pfarrerin ordiniert, 1991 zog die letzte Landeskirche nach. Welch eine Bereicherung für die Gemeinden und für den Glauben! Die männliche und weibliche Sicht auf die frohe Botschaft ergänzen sich; die mütterliche Seite Gottes kommt zum Vorschein; die Kanzel gehört nicht länger nur den Männern.

»Selig sind die Friedfertigen, denn sie werden Gottes Kinder heißen«: Dieser Satz aus der Bergpredigt Jesu ist an diesem

Sonntag Grundlage der Predigt. Die Pastorin erklärt, dass die Bergpredigt eine ganz besondere, wahrscheinlich sogar authentische Passage der Evangelien ist; sie erwähnt, dass das griechische Wort im Urtext auch »Frieden stiften« bedeuten könnte – was eine aktive Handlung einschließe. Sie erwähnt eine Kontroverse in der Gemeinde, bei der sich offensichtlich zwei Gruppen gegeneinander so aufgeschaukelt haben, dass eine Versöhnung immer schwieriger wird. Dann lenkt die Pastorin den Blick der Predigthörer auf den militärischen Konflikt in Afghanistan und mahnt an, dass es nur einen einzigen Grund für deutsche Soldaten geben kann, dort zu sein: Frieden zu stiften. Christen seien in besonderer Weise dazu fähig. Sie wissen sich von der Liebe Gottes getragen. Mit einem Zitat Martin Luthers beendet sie ihre Predigt: »Es ist wohl ein halb Himmelreich, wo Friede ist.« Vom Wittenberger Reformator stammt auch der Text des Liedes, das nun zu wuchtiger Melodie und dröhnender Orgel gesungen wird:

Verleih uns Frieden gnädiglich,
Herr Gott, zu unsern Zeiten.
Es ist ja doch kein andrer nicht,
der für uns könnte streiten,
denn du, unser Gott, alleine.

Das Abendmahl beginnt. Sorgfältig nimmt die Pastorin die weißen Tücher vom Kelch und Brotkorb, faltet sie und legt sie zur Seite. Dann spricht sie die sogenannten Einsetzungsworte, in denen auch jener Satz vorkommt, der für so viel theologische Spitzfindigkeiten gesorgt hat: »Das ist mein Leib, der für euch gegeben wird …« Ernsthaft, aber ohne übertriebene Ehrfrucht spricht sie diesen Satz aus. »All Fehd hat nun ein Ende«: An dieser Stelle des Gottesdienstes bewahrheitet sich diese Liedzeile. Jahrhundertelang stritten sich reformierte und lutherische Kirchen um die Bedeutung dieser Passage und damit des Abendmahls. 1973 haben sie diesen Streit endgültig beigelegt. Heute feiern überall auf der Welt lutherische und reformierte Christen gemeinsam das Abendmahl. Für die reformierten Protestanten ist das Abendmahl eher ein symbolisches Liebesmahl, in dem Gott nicht real, sondern durch den Heiligen Geist gegenwärtig ist.

»Kommt, alles ist bereitet«, sagt die Pastorin. Die Gottesdienstteilnehmer bilden einen großen Kreis vor dem Altartisch; die Pastorin reicht ihrem rechten Nachbarn eine Schale mit den Hostien. Jeder reicht sie weiter mit der Zusicherung: »Christi Leib für dich gegeben.« Genauso wird ein Kelch mit Wein in den Kreis gegeben und herumgereicht. Evangelische Gemeinschaft vor Gott: Hier wird sie erlebbar, ohne Angst und in großer Freiheit. Jeder Christ ist dem anderen ein Bruder oder eine Schwester; jeder Christ spricht dem oder der anderen den Frieden zu. »Priestertum aller Gläubigen« nannte Martin Luther das und stellte damit heraus: Jeder Christ ist gleich vor Gott. Es gibt keinen Mittler, der durch eine besondere Weihe beauftragt wird. Laien und Amtsträger unterscheidet kein geistlicher Status. Das wird in diesem Abendmahlskreis auf schönste Weise deutlich. Die einen kehren mit einem glücklichen Lächeln, andere mit ernsthafter Miene an ihren Platz zurück.

Die Fürbitten folgen. Zwei Männer und zwei Frauen aus der Gemeinde treten an den Altar und bitten: für die nahen und die fernen Nächsten, für die Kranken und Verlassenen, für die Hungrigen und Einsamen, für die Lebenden und die Verstorbenen.

Letzteres klingt jedoch ganz anders als in katholischen Gottesdiensten. Wir Evangelische glauben nicht, dass sie im Fegefeuer leiden und je nach Schwere ihrer Schuld büßen. Die Toten sind bei Gott, glauben wir, und durch unsichtbare und menschlich nicht fassbare Sphären mit den Lebenden noch verbunden. Also ist es sinnvoll, für sie zu beten.

Auch die Angst vor dem Jüngsten Gericht schwebt nicht über diesem Gottesdienst. Evangelische Christen fühlen sich verantwortlich für die Welt; deswegen ist ihnen die sogenannte Jesus-Apokalypse eine wegweisende Vision. Am Ende aller Zeiten fragt Jesus demnach, ob man Hungrige und Durstige gespeist, Fremde aufgenommen, Kranke und Gefangene besucht habe. Eine Aufforderung, die Früchte des Glaubens sehen zu lassen.

Evangelische Christen greifen auch in ihrer Hilfsbereitschaft auf die urchristliche Gemeindeorganisation zurück. Schon in Jerusalem waren Diakone für Witwen, Arme und Kranke zuständig. In christlichem Geist widmen sich auch heute evangelische Christen haupt- oder ehrenamtlich jenen, die am Rande stehen. »Diakonie« nennt sich dieser Arbeitszweig, der laut Verfassung genauso wesentlich zur verfassten Kirche gehört wie die Verkündigung.

Nach den Fürbitten kündigt die Pastorin die Veranstaltungen der nächsten Woche ab. Ein kleiner, repräsentabler Ausschnitt evangelischen Gemeindelebens. Alle Altersstufen finden hier Angebote. Krabbelgottesdienst und Kindergarten, Jugendcafé und Konfirmandengottesdienst, Gesprächskreise für werdende Mütter und Senioren, ein Altennachmittag finden statt, und eine Hospizgruppe trifft sich. Evangelisches Engagement live. Freie Christenmenschen nehmen ihren Glauben ernst. »Wo Glaube ist, ist auch Lachen«, sagte Martin Luther. In dieser Gemeinde spürt man es. Nach dem Gottesdienst stehen Gruppen vor der Kirche, erzählen und freuen sich des Lebens. Die Pastorin verschwindet in der Sakristei, kommt in schwarzem Kostüm wieder heraus und stellt sich zu den anderen, die sie selbstverständlich in ihre Mitte nehmen.

Evangelisch sein bedeutet: Die Gemeinde lebt von Gottes Wort. Jeder nutzt die Gaben, die er von Gott bekommen hat, um der Gemeinde zu dienen. Gemeinsam mit der Pastorin oder dem Pastor lenkt ein Kirchenvorstand die Geschicke der Gemeinde. Da gibt es keine Hierarchie oder nur beratende Funktion. Alle haben gleich viel zu entscheiden. Demokratie und Glauben sind aufs Engste miteinander verwoben.

Das alles seien keine wirklichen Vorzüge, könnten Kritiker sagen. Ihnen seien die Ergebnisse einer FOCUS-Studie über die Konfessionen entgegengehalten: Ihr zufolge wirkt die evangelische Kirche auf deutsche Bundesbürger wesentlich glaubwürdiger als die katholische, wenn es um die Umsetzung christlicher Werte geht. Zwei von drei Deutschen (65 Prozent) schreiben der evangelischen Kirche eine entsprechende Glaubwürdigkeit zu, nur 43 Prozent der katholischen Kirche. Eine knappe Mehrzahl der Katholiken hält dieser Studie zufolge die evangelische Kirche für glaubwürdiger als ihre eigene Kirche.

Es geht voran mit der Ökumene.

Halleluja!

Nicht alles, was glänzt …

… ist auch Gold! Ehrlicherweise muss ich also gestehen: Bei uns Protestanten läuft auch nicht alles so glatt, wie wir manchmal tun. Und so leide ich bisweilen an meiner Kirche, bleibe ihr aber dennoch solidarisch treu.

Protestantische Profillosigkeit

Eigentlich war der evangelische Diakonievater Johann Hinrich Wichern ausgesprochen ökumenisch eingestellt. Mehr als die Wortverkündigung lag ihm die tätige Nächstenliebe am Herzen; sie allein könne die Grenzen der Konfessionen überwinden. Tatsächlich beeindruckte sein Handeln auch die katholische Kirche; knapp fünfzig Jahre nach der Gründung der evangelischen Diakonie entstand 1897 der katholische Caritas-Verband und nannte als Impulsgeber ausdrücklich Wichern. Der konnte diese Frucht seiner Tätigkeit leider nicht mehr erleben. Es war ein posthumer Erfolg seiner Arbeit, ein Beleg dafür, dass seine Vision der »evangelischen Katholizität der christlichen Kirche« realisierbar ist. In einem seiner unzähligen Reisebriefe an seine Frau Amanda hatte er bekannt, dass er die Zukunft des christlichen Glaubens nicht in einer der Konfessionen, auch nicht ihrer Verbindung, »sondern nur in einem Dritten, Höheren«, sah, »von wo aus beide zu versöhnen sind«. Dort sei die »wahre Kirchlichkeit« zu finden, die »rechte christliche Katholizität« im Sinne der »Confessio Augustana«, die sich auf das nizänische Glaubensbekenntnis gründet.

Doch aus dem eigenen lutherischen Lager schlug ihm harsche Kritik entgegen. Deren Hauptvorwurf: Mit seiner Forderung nach rettenden Liebestaten würde Wichern eigentlich eine Art Verdienst-Gerechtigkeit einführen. Das Voranstellen der Liebe vor den Glauben sei mit dem lutherischen

Prinzip des »sola fide« – »allein aus Glauben« – schwerlich vereinbar. Wichern las diesen Kritikern aus seinem eigenen Lager mit einem Vers aus dem 1. Johannesbrief die Leviten: »Lasst uns nicht lieben mit Worten noch mit der Zunge, sondern mit der Tat und mit der Wahrheit.« Plötzlich sah sich Wichern zwei Fronten gegenüber: Die Orthodoxen aus dem eigenen konfessionellen Lager torpedierten ihn nicht weniger als die Hardliner der katholischen Kirche! Vollends auf die Palme brachte ihn 1864 der Paderborner Bischof, der sich als Haupt auch der evangelischen Christen bezeichnete und eine Welle von Klosterneugründungen im protestantisch geprägten Norddeutschland initiierte. Wobei Wichern gegen Klöster gar nichts hatte, nur am »knechtenden Missbrauch der Klostergelübde« übte er Kritik. Seine Hauptbefürchtung angesichts der katholischen Mission war die Profillosigkeit der Protestanten:

Wichtiger bleibt, dass in den Katholiken im Großen und Ganzen eine vollbewusste, antiprotestantisch gerüstete Macht auf den Kampfplatz tritt und dass ihr gegenüber die massenhaft protestantische Laienwelt dasteht ohne gewappnete Führer, die im Großen und Ganzen die positive Grundlage des christlichen Glaubens verlassen haben. Man hat in protestantischen Kreisen kaum noch eine Ahnung von der allseitigen reichhaltigen Lebensfülle des evangelischen Glaubens; ja, unter der Führung von entschiedenen Widersachern der göttlichen Offenbarung widersetzt diese Masse sich dieser eigentümlichen Heilsoffenbarung, die sie wähnt, durch eine Selbsterlösung oder Selbstverherrlichung ersetzen zu können.

Mit seinen Anmerkungen hatten Wichern die Finger in viele offene Wunden des Protestantismus gelegt. Einige schmerzen bis heute. Noch immer fehlt es der evangelischen Basis an Grundwissen über den eigenen Glauben; noch immer droht verkappter Selbsterlösungs-Glaube das protestanti-sche Grundbekenntnis der geschenkten Gnade Gottes zu er-setzen; noch immer hemmt die Angst vor Werkgerechtigkeit vor beherzten guten Taten. Und allzu oft ersetzen die Evan-gelischen das warme Licht des Evangeliums, das sie auf den Tisch gestellt haben, gegen das kühle Sparflammen-Leuch-ten einer »Anything goes«-Mentalität.

Die Ideale der evangelischen Christen für den Einzelnen wie für die Kirche stellen hohe Ansprüche an jene, die sie leben sollen. Oft scheint es, als seien Strukturfragen wichtiger als die inhaltliche Auseinandersetzung. Da verschleißen zum Beispiel Tausende ehren- und hauptamtliche Protestanten in stunden-, ja tagelangen Synoden-, Ausschuss- und Gremien-sitzungen ihren Mut und ihre Kraft. Wohl wissend, dass die dort getroffenen Beschlüsse meist windelweiche Kompro-misstexte ohne jeden prophetischen Charakter sind. Hun-derttausende Euro verpulvern die evangelischen Kirchen für Tagungs- und Reisekosten. Während die Entscheidungswege im römisch-katholischen Konklave aus gutem Grund geheim bleiben, nimmt die Öffentlichkeit auch noch Anteil an den nicht enden wollenden mühsamen bis hochnotpeinlichen Diskussionen evangelischer Kirchenparlamente. Der Preis für die synodalen Bischofswahlen, den die Protestanten be-zahlen, ist mitunter sehr hoch. Und die Gewählten sind nicht immer die Besten. Geschweige denn die Weisesten.

Hirten unter Druck

Und in den Gemeinden? Pfarrerinnen und Pfarrer klagen über Kirchenvorstände, denen selbst elementarste Kenntnis-se der Bibel fehlen, von einem lebendigen Glauben ganz zu schweigen. Die Geistlichen müssen sich von Prestige-orien-tierten Dorf- oder Stadtteil-Honoratioren Ziele für ihre Arbeit vorschreiben lassen. In zermürbenden Kirchenvor-standssitzungen wird das Fähnchen des »Es-war-doch-schonimmer-so« hochgehalten; die Freiheit des Geistes bleibt auf der Strecke, und das Christliche erschöpft sich in einem unverbindlich-freundlichen Umgangston. Eine Situation, die viele Pfarrerinnen und Pfarrer entweder verbittern oder zu mit allen Wassern gewaschenen Diplomaten werden lässt. Beides lenkt sie ab von ihren Hauptaufgaben: Gemeinde zu bauen und die frohe Botschaft zu verkündigen.

Von unten droht Kleinglaube, von oben drücken kirchenamtliche Vorgaben. Geldnot lässt die Gemeinden wachsen. Nicht durch Kircheneintritte, sondern durch die Erweiterung der Gemeindegrenzen. Pastorinnen und Pastoren sind für immer mehr Gemeindeglieder zuständig. Nichtpastorale Mitarbeiterstellen werden gestrichen. Amtshandlungen wie Beerdigungen, Gottesdienste und Andachten, Konfirmandenarbeit, Hochzeiten, Beerdigungen und Taufen lassen nur noch wenig Zeit für persönliche, nicht zweckgebundene Seelsorge. Neben der Pflicht bleibt keine Energie für die Kür. Die wird aber gefordert. Unter dem Motto »Kirche der Freiheit« wollen die Landeskirchen der EKD sich selbst reformieren. Die »Freiheit« erleben viele Pfarrerinnen und Pfarrer jedoch fatalerweise als zusätzliche Einengung. Zu den »Schlüsselkompetenzen«, die da von ihnen gefordert werden, gehören …

> … theologische Urteilsfähigkeit und geistliche Präsenz, seelsorgerliches Einfühlungsvermögen und kommunikative Kompetenz, Teamfähigkeit und Leitungsbereitschaft, Qualitätsniveau und Verantwortung für das Ganze der Kirche. Lebenslanges Lernen und beständige Fortbildung sind selbstverständliche Grundelemente des Berufes.

Was sich theoretisch sinnvoll anhört, bedeutet in der Praxis eine Siebzig-Stunden-Woche. Unzählige Fälle von Burnout-Syndrom sind die Folge. Hirten werden von ihren Oberhirten mattgesetzt. Aber, halt: »Die evangelische Kirche kennt keine ›Hierarchie‹ (zu Deutsch: ›heilige Herrschaft‹)«, heißt es von Seiten des Kirchenamtes. Formal mag das stimmen. In der Praxis jedoch tragen in vielen Landeskirchen Bischöfe in der gebotenen protestantischen Mischung aus Demut und Stolz ihr großes Kreuz durch die Kirchenlandschaft und verkünden weihevoll das Evangelium. Und da es keine höchste Autorität in Lehrfragen gibt, muten sich manche Geistliche – vom Pfarrer bis zum Bischof – zu, mit großer Attitüde unfehlbare Glaubenssätze zu verkünden. Das Papsttum wird auf diese Weise radikalisiert: Jede Gemeinde gönnt sich ihren eigenen kleinen evangelischen Papst.

Luther – ein evangelischer Heiliger?

In einer Gesellschaft, die nach Vorbildern und Idolen lechzt, ist es eben zunehmend schwer, ohne letztgültige Autorität durchs Christenleben zu gehen. Nach Jahren der Luthermüdigkeit haben die Protestanten nun auch ihren eigenen Kirchenvater wiederentdeckt. Mit großem Aufwand wird Martin Luther wieder ins Blickfeld der evangelischen Glaubenswelt gerückt. Nicht nur einmal, sondern mit einem zehnjährigen Programm, das von einer eigenen Arbeitsstelle koordiniert wird. »Luther 2017« heißt die Erinnerungsdekade, die auf das 500-jährige Jubiläum des Wittenberger Thesenanschlags zuläuft. Luther wird zum *Grandfather* des Protestantismus. Ja, auch die anderen Reformatoren werden gewürdigt: Johannes Calvin, Philipp Melanchthon etwa. Doch sie erscheinen allenfalls wie Helfershelfer des evangelischen Heroen Martin Luther. Der neue »Lutherkult« solle ein Gegengewicht zur katholischen Heiligenverehrung bilden, unken nicht nur böse Zungen. Auch evangelische Theologen protestieren und fragen, ob man es als protestantische Kirche denn nötig habe, Luther auf den Sockel zu stellen. In der Tat: Es gibt viele Gründe, differenziert mit Luther umzugehen. Zum Beispiel sah er in den Juden den Teufel am

Werk und forderte die Fürsten auf, Synagogen und Schulen in Brand zu setzen – für die Nazis und andere Antisemiten eine willkommene christliche Rechtfertigung der Judenfeindschaft. Zum Niedermetzeln aufständischer Bauern riet er ebenso wie zur Todesstrafe für Hexerei. Hat Luther wirklich das Zeug zu einem Heiligen?

Mit dieser Frage wird dem Protest, seit 1529 Wesensmerkmal der Protestanten, die Ehre gegeben. Mit Vorliebe protestieren Protestanten allerdings seit geraumer Zeit gegen Vorgänge in der eigenen Konfession. Selbstzerfleischung gehört zu den leidenschaftlichsten Vergnügungen vornehmlich intellektueller Christen. Der deutsche revolutionäre Dichter Georg Herwegh nahm diese Mentalität Mitte des 19. Jahrhunderts humorvoll aufs Korn:

> *Solang ich noch ein Protestant,*
> *Will ich auch protestieren …*

> *Kaum war die Taufe abgetan,*
> *Ich kroch noch auf den vieren,*
> *Da fing ich schon voll Glaubens an,*
> *Mit Macht zu protestieren,*
> *Und protestiere fort und fort,*
> *O Wort, o Wind, o Wind, o Wort,*
> *O selig sind, die hier und dort,*
> *Die ewig protestieren.*

> *Nur eins ist not, dran halt ich fest*
> *Und will es nit verlieren,*
> *Das ist mein christlicher Protest,*
> *Mein christlich Protestieren …*

> *Von nun an bis in Ewigkeit*
> *Soll euch der Name zieren:*
> *Solang ihr Protestanten seid,*
> *Müsst ihr auch protestieren.*

Bibelglaube auf Abwegen

Luthers Glaube an das Geschriebene war unendlich. Den Papst verwarf er, weil er in der Bibel nicht vorkam. Die Mönche und Nonnen ebendeshalb. Den Kaiser aber und die Obrigkeit und den Krieg nicht, denn sie standen drin. Kann man sich einen abergläubischeren Text-Fetischismus oder, wenn man will, eine liebevollere Hingabe denken? Nie ist ein Buch seit Luthers Zeiten so gelesen worden wie die Bibel. Sie gehörte von nun an dem Volke. In einer Überschwemmung von gottesgelehrten Wortklaubereien, Dissertationen, Kommentaren und Traktaten erhob sich die von mehr als einem Standpunkte aus tief bedauerliche Tatsache, dass die Nation sich von nun an an die Bücher halten wollte statt an das Leben.

Der Publizist Hugo Ball, aufgewachsen in einer pietistischen Familie, geht hart mit Luther ins Gericht. »Der Protestantismus ist eine Philologie, keine Religion«, lautet sein niederschmetterndes Fazit. Vielleicht ist jenseits der Schroffheit etwas dran an Hugo Balls Einwurf. Vielleicht räumt der Protestantismus dem »Wort« einen viel zu hohen Stellenwert fürs Glaubensleben ein. Worte sprechen den Verstand an und treffen selten in die Seele. Glaube jedoch ist eine Seelenangelegenheit. Luther kannte den Weg in seine Seele, der Grund seiner Verzweiflung war ein spirituelles Problem: »Wie finde ich einen gnädigen Gott?« Luthers theologische Konsequenzen daraus – unter anderem die hohe Wertschätzung der Bibel allein – können diese existenzielle Frage schwer nachvollziehbar machen. Auch Schleiermachers Ansatz, Religion als »Gefühl schlechthinniger Abhängigkeit« zu erklären, verharrt letztlich auf einer intellektuellen Ebene.
Wir Protestanten verbauen uns den Weg zur Seele. Fast jede Spur des Mysteriums haben wir vernichtet. Ein wirksames Waffenarsenal haben wir aufgefahren, um das Geheimnis-

volle zu zerstören: Worte vertreiben das Geheimnis des Glaubens, Erklärungen treiben den Gottesdienstbesuchern ihre Phantasie aus. Das Abendmahl mutiert bisweilen zu einer Art geistlichem »Früh«-Schoppen. Doch nicht mal das funktioniert: Heilige Schauer erwartend, stehen die Gläubigen vorm Altar. Die angekündigte Gemeinschaft bleibt angesichts der uneingelösten verheißenen Gemeinschaft irritiert aus. Befangen stehen Konfirmanden, Senioren und Kirchenvorsteher im Halbkreis vor dem Altar und blicken zu Boden oder in die Luft. Ergriffen sein vom Mysterium des Glaubens? Das ist allenfalls etwas fürs stille Kämmerlein.

Auch auf anderem Gebiet versagen wir Protestanten uns der geheimnisvollen Dimension des Glaubens. Zu allen Zeiten hat der Glaube Priester und Heilige hervorgebracht: Menschen, die auf besondere Weise mit dem Göttlichen verbunden sind. Hier liegt die Wahrheit der apostolischen Sukzession, die seit den Aposteln durch die Zeiten weitergegebene Priesterweihe. Ein Sakrament, dessen Abwesenheit den Evangelischen zunehmend und empfindlich bewusst wird. »Was meinen Sie, weshalb bei einigen evangelischen Bischofseinführungen ein katholischer Bischof, meist aus Skandinavien, die Hand auch noch mit auflegt?«, fragte ein lutherischer Kirchenleiter mit hintergründigem Lächeln.

Ein Einfallstor für Fundamentalismus?

Die Überbetonung der Bibel und des Verstandes treibt eine weitere Blüte. Der evangelische Glauben, das zeigen die Entwicklungen in den USA, bietet auch einen Nährboden für christlichen Fundamentalismus. Wer sich dieser evangelischen Strömung zugehörig fühlt, unterschreibt Folgendes:

Ein Fundamentalist ist ein wiedergeborener Christus-Gläubiger, der:

1. *unbeirrbare Treue gegenüber der irrtumslosen, unfehlbaren und wörtlich inspirierten Bibel hält;*
2. *glaubt, dass alles, wovon die Bibel spricht, auch so ist;*
3. *alle Dinge und sich selbst nur von der Bibel her beurteilt.*

Historisch-kritische Bibelkritik gilt in evangelisch-fundamentalistischen Kreisen als ein Greuel; sie sehen den biblischen Schöpfungsbericht als historische Tatsache an und lehnen konsequenterweise die Evolutionstheorie ab. Auf dem Gebiet der Sexualmoral vertreten sie äußerst rigide Standpunkte; außerehelicher Geschlechtsverkehr ist ebenso verpönt wie praktizierte Homosexualität. Stattdessen wird unter anderem den Kindern der Besuch öffentlicher Schulen verwehrt.

Das Lockmittel christlicher Fundamentalisten klingt banal und wirkt fatal: »Bei uns bekommst du klare Wertmaßstäbe. Wir sagen dir, was gut und böse ist – wenn du uns glaubst, wirst du befreit leben.« Mit lieblichen Halleluja-Chören und rhetorischer Macht lenken sie den freiheitlich gesinnten christlichen Glauben in buchstabentreue Engstirnigkeit um.

Fundamentalistisches Gedankengut findet sich in Deutschland zwar jenseits landeskirchlicher Verfasstheit. Doch es gibt kritische Stimmen, die die durch den Mitgliederschwund gebeutelten evangelischen Landeskirchen davor warnen, sich – aus Angst um ihren Fortbestand – den Rezepten fundamentalistischer freikirchlicher Gruppierungen anzunähern. Seriöse Theologie, so die Kritik, gerate ins Hintertreffen zugunsten eines sich selbst abschottenden Bekenntnisglaubens. Diese Entwicklung verwundert. Denn in den USA ist das Endstadium fundamentalistisch verengten Glaubens zu beobachten. Zwar haben dessen Vertreter großen Einfluss in

Gesellschaft und Politik und torpedieren offen die Demokratie. Päpstlicher als der Papst teilen die Radikalen unter den US-Evangelikalen die Welt in Gut und Böse ein. Der Freiheit setzen sie enge Grenzen; sie träumen von einer Art christlichem Gottesstaat, der nicht mehr auf den allgemeinen Menschenrechten basiert, sondern auf vermeintlich biblischer Moral. Gottes Wort schmieden sie zur Waffe um. Dennoch: Nach jüngsten Erhebungen verlieren diese Gruppierungen an Mitgliedern.

Woody Allen hat ihre Spielart des protestantischen Fundamentalismus auf seine unnachahmliche Art auf die Schippe genommen:

> Vor Jahren gab meine Mutter mir eine Kugel. Ich steckte sie in meine Brusttasche. Ich ging gerade die Straße hinunter, als ein Amok laufender Protestant eine Bibel aus einem Hotelfenster schleuderte, die mich genau an der Brust traf. Die Bibel hätte mich mitten ins Herz getroffen, wenn die Kugel nicht gewesen wäre.

Ein absonderlicher, aber nicht ganz fern liegender Gedanke: Könnte es sein, dass die evangelische Wortzentriertheit fundamentalistischer Engstirnigkeit Tür und Tor öffnet und die liberalen Strömungen des Protestantismus unter Rechtfertigungszwang geraten?

Die roten Kirschen jenseits des Zaunes …

Katholiken vor dem Herrn! Einiges habe ich an euch kritisiert – und am Ende gebe ich nun zu, euch um manches davon sogar zu beneiden. Ein Widerspruch? Ach, in jedem beherzten Dialog gibt es Dinge, die mit dem Kopf allein nicht zu fassen sind. Die katholische Kirche ist der evangelischen mitunter voraus. So zieht in der Ökumene einer den anderen mit.

Himmlische Gesten

Eine literarische Fiktion: Im Jahr 2030, nach dem Dritten Vatikanischen Konzil, reist ein Beauftragter des Papstes zu einem Kloster auf einer kleinen irischen Insel. Die Vorgänge dort lassen die vatikanischen Glaubenswächter nicht schlafen: Entgegen der Konzilsbeschlüsse feiern die Mönche weiterhin die lateinische Messe. Sie haben überwältigenden Erfolg damit: Sonntag für Sonntag pilgern Tausende Katholiken in die unwirtliche Gegend, um die scheinbar antiquierten Gottesdienste mitzufeiern. Auch die Ohrenbeichte, vom Dritten Vatikanum durch die Gemeinschaftsbeichte ersetzt, machen die irischen Mönche weiterhin zur Pflicht. »Warum sollten wir etwas aufgeben, was so vielen Gläubigen hilft?«, fragt der Abt den fortschrittlich-dynamischen Nuntius.
Was sich der englische Schriftsteller Brian Moore in seinem Zukunftsroman »Katholiken« vorstellt, trifft ins Zentrum der Problematik kirchlicher Spiritualität. Eigentlich wollen Menschen keine Neuerungen. Erst recht nicht in Glaubensdingen. Nicht das Erklärbare, sondern das Geheimnisvolle ist Träger des Numinosen. Deswegen tut die katholische Kirche gut daran, sehr vorsichtig mit Neuerungen zu sein. Ihre Gottesdienste sind die sichtbarsten Zeichen in unserer Zeit, dass unser Leben, Fühlen und Denken auf alten Traditionen ba-

siert. Zweitausend Jahre Christentumsgeschichte tragen uns, die wir auf dem Fundament der noch älteren jüdischen Kultur stehen. Von der ersten Gottesbegegnung des Mose über den Jerusalemer Tempel, den Stall in Bethlehem, den Petersdom bis zur kleinsten Dorfkirche in Tirol wird das Mysterium des Glaubens bewahrt. Die spröde Gestaltung mancher evangelischer Kirchen versprüht hingegen manchmal den kühlen Charme einer Turnhalle. Wir Protestanten können das alles gut erklären. Und bleiben wieder nur bei Worten. Und trauen uns viel zu wenig, dem Heiligen einen Platz zu geben in unseren Kirchen.

Da wird in manchen reformierten Kirchen noch immer wochenlang darüber disputiert, ob Blumen oder Kerzen auf dem Altar störend für die Verkündigung sein könnten. Katholiken, helft! Von euch können wir lernen, dass sich auch evangelisch-reformatorische Kargheit mit Zeichen des Heiligen verträgt!

Da wird das biblische Bilderverbot zwar umgesetzt – um sogleich mit Worten dermaßen übertriebene Bilder in den Kopf der Zuhörenden zu setzen, dass einem angst und bange wird. Katholiken, helft! Die Bilder und Statuen in euren Kirchen können uns lehren, dass das Auge immer auch gebraucht wird, um das Göttliche zu erkennen!

Da sitzen wir Evangelische steif und starr in unseren Bänken, erheben uns höchstens mal zum Gebet. Katholiken, helft! Zeigt uns, dass Glaube Gesten braucht!

Ja, die Gesten: Viele Worte machen wir Evangelische um Demut und die Einsicht, dass wir unter dem Kreuz leben. Worte, wieder nur Worte. Wie wir sie mit unserem Körper lebendig halten können, sollten wir endlich bei euch lernen. Was hält uns eigentlich davon ab, auf die Knie zu gehen vor dem, was wir Gott nennen? Wie tief sind wir von antikatholischen Ressentiments besetzt, dass wir uns nicht zu bekreuzigen trauen – obwohl der Reformator Martin Luther uns ausdrücklich dazu ermunterte, morgens und abends:

*Des Morgens, so du aus dem Bette fährest, magst du
dich segnen mit dem Zeichen des heiligen Kreuzes
und sollst sagen: »Das walte Gott Vater, Sohn und
Heiliger Geist. Amen.«
Des Abends, wenn du zu Bette gehst, magst du dich
segnen mit dem Zeichen des heiligen Kreuzes und
sollst sagen: »Das walte Gott Vater, Sohn und Heiliger Geist. Amen.«*

Wie sinnenfeindlich sind wir, dass wir unseren Nasen jenen
Duft vorenthalten, der seit Jahrtausenden den Gläubigen
vieler Religionen ein olfaktorisches Gütesiegel des Heiligen
ist?

Ja, der Intellekt hat uns Protestanten im Griff. Die Hingabe
fällt uns unendlich schwer. Trotzig stemmen wir uns gegen
die Einsicht, dass der Glaube tatsächlich alle Vernunft übersteigt. Es imponiert mir, wie selbstverständlich die Katholiken ihre Sinne beteiligen. Architektur und Kunst, Liturgie
und viele Rituale lassen der sinnlichen Wahrnehmung und
der Körperlichkeit weite Räume. Von weiten Räumen predigen wir Evangelische auch gern. Wie sie im Frömmigkeits-
leben spürbar werden können, machen uns die Katholiken
vor. Wer die Schwellenangst, katholische Gottesdienste zu
besuchen, überwindet, wird in dieser Hinsicht viel lernen
und kann es in seiner evangelischen Kirchengemeinde nutz-
bar machen.

Welch schöne Vorstellung für einen evangelischen Gottesdienst: Leichter Weihrauchduft schmeichelt den Nasen der
Gläubigen. Bei der Abendmahlsliturgie bekreuzigen sich
Protestanten. Das Vaterunser beten sie auf den Knien. Wenn
sie aus den Kirchenbänken treten, wenden sie dem Altar(tisch)
nicht gleich den Rücken zu, sondern geben ein Zeichen der
Ehrerbietung.

Das tut nicht weh, liebe Protestanten – im Gegenteil: Das
beflügelt unseren Glauben und befreit unser Denken! Die
Katholiken sind nicht unsere Feinde, sondern unsere Glau-

bensfreunde – und von denen darf man lernen! Wir müssen keine Angst haben, sondern sollten den weisen Ratschlag des Apostels Paulus beherzigen: »Prüft alles und das Gute behaltet!«

Ein Lob der Beharrlichkeit

»Kirche muss nerven!« Mit diesem Spruch erhob der Augsburger Bischof Walter Mixa das unablässige Wiederholen katholischer Standpunkte zur kirchlichen Tugend. Er selbst gehört zu jenen Amtsträgern der katholischen Kirche in Deutschland, die dieses Prinzip zu höchster Blüte gebracht haben. Denn er hat sich auf Reizthemen spezialisiert, wettert gegen die staatliche Förderung von Kinderkrippen und hat auch schon mal Schwangerschaftsabbrüche in einem Atemzug mit dem Holocaust genannt. Kritik an seinen oft provozierenden Ansichten konterte er lächelnd mit dem Spruch: »Kirche muss nerven.« In diesem Sinne bringen es auch andere katholische Bischöfe und selbst der Papst zu einiger Meisterschaft. Ungefragt und unbeirrt halten sie der Gesellschaft die Meinungen und moralischen Vorstellungen der katholischen Kirche entgegen. Dass Abtreibung Mord sei. Dass es Christen verboten sei, Kondome zu benutzen. Dass Homosexualität Sünde sei. Dass Frauen nicht für Karriere, sondern für Küche und Kinder geschaffen seien.

Um keinen falschen Eindruck zu hinterlassen: Ich teile diese Auffassungen nicht. Die kühne Beharrlichkeit jedoch, mit der die katholische Kirche ihre Ansichten äußert, so meine ich, könnte auch für uns Evangelische erstrebenswert sein. Sie ist die bessere Alternative zur »Ja, aber …«-Verlautbarungsmentalität protestantischer Kirchenverantwortlicher. Scheinbar couragiert greifen sie gesellschaftliche Themen auf, um sie sogleich mit einem eindeutigen »Sowohl als auch« in Grund und Boden zu reden. Ein psychologischer Erklärungsversuch drängt sich auf: Protestanten wollen geliebt werden.

Eindeutigkeit jedoch trägt die Gefahr der Polarisierung in sich. Die evangelische Kirche will für alle da sein und keine gesellschaftliche Gruppe verschrecken. Mit diesem Ansinnen katapultiert sie sich in die Bedeutungslosigkeit. »Hier stehe ich, ich kann nicht anders«: Mit diesem Satz verlieh Martin Luther seiner eindeutigen Position vor dem Wormser Reichstag Ausdruck. Von der Standhaftigkeit der Katholiken könnten die Protestanten lernen, sich die Vehemenz Luthers wieder anzueignen.

»Antiklerikalismus ist keine protestantische Bewegung, sondern eine katholische Stimmung.« Vielleicht ist diese Bemerkung des Schriftstellers Gilbert Keith Chesterton ein Schlüssel, uns Evangelischen das Verstehen der katholischen Seele zu ermöglichen. Denken wir an Katholiken, schießen uns zuerst der Papst, der Katechismus und die Inquisition in den Kopf – und Gläubige, die sich an unzählige Dogmen und Moralgesetze halten müssen. In protestantischen Augen ist der Katholizismus eine Mischung aus Macht und Mission, Unfehlbarkeit und Unterdrückung.

Lange dauert es, um zu entdecken: Die katholische Volksseele kocht ja ganz anders als der Klerus! Da herrscht ja nicht nur Unterordnung, sondern da weht auch der Heilige Geist des Subversiven! Was »die da oben« sagen, wird »unten« oft milde lächelnd zur Kenntnis genommen und ad acta gelegt – um sogleich fröhlich weiter zu glauben und zu leben und nach eigener Fasson glücklich zu werden. »Rom ist weit«, sagen viele Katholiken, sogar Priester, mit einem schelmischen Augenzwinkern. Sicher, man erweist dem Papst die Ehre, wo es nur geht. Seine Anweisungen jedoch – vor allem in Fragen der Sexualmoral – werden vom katholischen Fußvolk noch weniger ernst genommen als von den Protestanten. Vielleicht sind die Katholiken sogar weniger obrigkeitshörig als wir Evangelische? In jedem Fall können wir von ihnen lernen: Im Endeffekt kommt es nicht auf Dogmen und Hierarchien an, sondern darauf, eigenverantwortlich zu leben. Ehre und Aufmerksamkeit gebührt dem, der etwas Vernünftiges oder spirituell Wichtiges sagt – egal, ob Laie oder Schriftgelehrter, ob in der Ferne oder hinter der nächsten Tür.

Zölibat oder Pfarrfamilie?

Die Zahlen sind eindeutig und sprechen eine klare Sprache: Der Zölibat schafft mehr Probleme, als er löst. Priester, die glauben, mit Hilfe des Zölibats ihre Sexualität in den Griff zu bekommen, zerbrechen auf Dauer an ihrer auferlegten Keuschheit.

Probleme mit der Sexualität gibt es aber auch bei verheirateten evangelischen Pastoren und Pastorinnen. Zwar nehmen sie sich den Rat des Apostels Paulus zu Herzen, dass man »um der Triebe willen« heiraten solle. Damit geraten sie in Zwänge und Abhängigkeiten, die eingeschworenen Singles wie katholischen Priestern ein Greuel sind. Die hohen Scheidungsraten unter evangelischen Geistlichen sprechen für sich und zeigen: Die lutherische Pfarrfamilie ist heute mehr Ideal als Wirklichkeit.

Unbestritten hat es Vorteile, wenn ein Priester nur für seine Gemeinde da ist. Ehepartner(in) und Kinder mit dem Fulltime-Job des Pastors unter einen Hut zu bringen, erfordert schier unmenschliches Emotions- und Organisationsgeschick, bei dessen Umsetzung sich trotzdem einer der Beteiligten – Gemeinde, Kinder, Partnerin oder Partner – chronisch vernachlässigt fühlt. Die Gemeinde schreit: »Versorge mich!«, der Ehepartner fordert: »Liebe mich!«, und die Kinder nörgeln: »Spiel mit mir!« Mit unverhohlenem Neid blicken einige Pastoren auf die Ehelosigkeit ihrer katholischen Amtsbrüder. Wohl wissend (wie die meisten Gemeinden), dass ein Großteil der Priester ihre Sexualität trotz Keuschheitsgelübdes mehr oder weniger extensiv lebt – im Verborgenen und belastet von Gewissensbissen, Notlügen und der Angst vor dem Erwischtwerden. Dennoch, so ehrlich sollten wir sein: Die Seelenpein zölibatär lebender Priester dürfte kaum größer sein als die zwischen familiären und beruflichen Ansprüchen zerriebener evangelischer Pfarrer und Pfarrerinnen.

Viele Kirchen, eine Kirche

Zum Dialog der Konfessionen gibt es keine Alternative. Ökumene ist keine Zukunftsvision, sondern Gegenwart. Alles ökumenische Bemühen bedarf der Intensivierung, denn ohne das Miteinander der Kirchen wird das Christentum kaum überleben. Deswegen darf nicht das Trennende den Ton angeben, sondern das, was uns verbindet: unser gemeinsamer Glaube.

Gibt es im Himmel noch Protestanten und Katholiken?

Eine geradezu peinlich naive Frage! Wir nutzen das Wort »Himmel« ja als Inbegriff für den Zustand, ganz in Gottes Gegenwart zu sein. Das erhoffen wir nach dem Tod, und das ist auch für Augenblicke bereits in diesem irdischen Leben möglich. Wenn wir also im Himmel sind, dann ist doch die Frage nach der Konfession absurd, vollkommen überflüssig. Allein, jeder Tag bringt die Erkenntnis: Wir sind noch nicht im Himmel. Und deswegen müssen wir uns neben zahlreichen anderen Unannehmlichkeiten mit der Trennung der Christenheit in verschiedene Kirchen auseinandersetzen.

In der Vergangenheit führten ehrliche, aufrichtige Glaubensdiskussionen (oft genug gepaart mit handfesten politischen Interessen) zu einer Aufspaltung der Christenheit in vielerlei Gemeinschaften: Katholiken, Orthodoxe, Anglikaner, später Altkatholiken, und natürlich die Protestanten in ihren bunten Schattierungen.

Nun können wir sagen: »So ist es! Wir haben uns das nicht ausgesucht! Wir treten das Erbe der Kirchengeschichte an.« Immerhin sind die Zeiten vorbei, da man sich gegenseitig bekämpfte oder verdammte. Und so bemühen wir uns heute um das, was wir »Ökumene« nennen: Nicht immer nur auf das schauen, was die Kirchen voneinander trennt, sondern betonen, was alle Christen miteinander verbindet. An so vielen Orten funktioniert das ökumenische Miteinander und baut phantasievoll Brücken über theologische Gräben hinweg. Die Theologen ihrerseits haben in den letzten Jahrzehnten dankenswerterweise eine Menge Aufwand betrieben, um den Gemeinsamkeiten mehr Gewicht als dem Trennenden zu verleihen. Einiges bleibt. Bei Eucharistie und Abendmahl sind wir – leider – noch nicht so weit. Das ist zutiefst beschämend und nicht durch den Hinweis auf theologische Spitzfindigkeiten zu entschuldigen.

Können wir einfach hinnehmen, dass es so ist, wie es ist, mit der Trennung der Kirchen? Leiden wir noch unter der Spaltung? Merken wir gar nicht, dass wir nicht nur gegen den Willen des Herrn verstoßen, sondern uns auch einen unglaublichen Luxus leisten?

Es fällt durchaus ins Gewicht, was uns theologisch und praktisch trennt. Aber mit der Trennung der Kirchen legen wir vor der Welt kein rühmliches Zeugnis ab. Für den normalen Menschen unserer Tage ist doch kaum verständlich, warum wir – die wir konfessionsübergreifend immer weniger werden – uns noch aufspalten.

Der Weg zur Einheit kann nicht in der »Rückkehr-Ökumene« liegen mit dem Ziel, die evangelische müsste wieder Teil der katholischen Kirche werden. Auch ist ein Kirchen-Cocktail nicht erstrebenswert, bei dem wir irgendwie die Riten und Traditionen vermischen. Das Ziel wird in der »versöhnten Verschiedenheit« liegen: Protestanten, Orthodoxe und Katholiken pflegen ihre Riten, Traditionen und theologischen Ansichten, und sie bleiben ihnen treu – aber sie öffnen sich geschwisterlich den anderen. Einheit in der Vielfalt!

Es wird immer Bremser geben, Bedenkenträger, Ängstliche, die fürchten, ihre konfessionelle Identität könnte aufgeweicht werden. Dabei ist dieser Prozess doch längst im Fluss. Die Katholiken haben beispielsweise von den Evangelischen das Bibellesen gelernt. Die Evangelischen hingegen übernahmen von den katholischen Christen manche Symbole für ihre Liturgie. Die Katholiken sind also evangelischer, die Evangelischen katholischer geworden. Die Gräben verlaufen nicht nur zwischen den Konfessionen, sondern mitten durch sie hindurch: Ökumeniker und Traditionalisten stehen einander gegenüber.

Im Himmel wird es eh keine Konfessionen mehr geben – da gibt es nur noch Erlöste in der Gegenwart des liebenden Gottes. Das wird uns mit Leichtigkeit und Barmherzigkeit auf unser Gelingen und Versagen in der irdischen Ökumene zurückblicken lassen.

Aber noch sind wir Gäste auf Erden. Als solche ruft Gott uns auf, gemeinsam das Evangelium in der Welt zu verkünden, an der Verwirklichung seines Reiches mitzuarbeiten, uns einzusetzen für Frieden, Gerechtigkeit und die Bewahrung der Schöpfung. Anders gesagt: voller Hoffnung die Liebe Gottes erfahrbar zu machen.

Richten wir den Blick auf dieses Ziel, wird Ökumene gelingen. Ganz nebenbei. Und selbstverständlich.

Georg Schwikart

EVANGELISCH?
N E V E R !

Warum Evangelische überflüssig und Katholiken die wahren Christen sind

Pattloch

Bibliografische Information: Deutsche Nationalbibliothek
Die Deutsche Nationalbibliothek verzeichnet diese
Publikation in der Deutschen Nationalbibliografie;
detaillierte bibliografische Daten sind im Internet über
http://dnb.d-nb.de abrufbar.

© 2010 Pattloch Verlag GmbH & Co. KG, München
Umschlaggestaltung: ZERO Werbeagentur, München
Satz und Gestaltung: Daniela Schulz, Stockdorf
Druck und Bindung: GGP Media GmbH, Pößneck
Printed in Germany

ISBN 978-3-629-02234-9

Bitte besuchen Sie uns im Internet:
www.pattloch.de

2   4   5   3   1

Inhalt

Ach, ihr Protestanten!

Ohne Ökumene geht es nicht – so weit besteht Einigkeit zwischen uns Katholiken und euch Protestanten. Doch was uns trennt, sollte nicht unter den Teppich gekehrt werden. Um also – werte evangelische Christen – die Stimmung gleich ein wenig anzuheizen, wende ich mich zunächst den Irrtümern zu, denen ihr Protestanten anhängt.

Immer auf der Suche nach dem gnädigen Gott

»Luther war eine von heftigen Leidenschaften durchstürmte Natur«, behauptet ein Dr. Joseph Burg in seinem 1895 erschienenen »Nachschlagebuch« mit dem richtungweisenden Titel »Protestantische Geschichtslügen«.

Auch Biographen, die dem Reformator gewogen sind, attestieren ihm diese Leidenschaftlichkeit. Der Begriff ist – zumindest heute – eben keineswegs nur negativ besetzt. Sich mit Leidenschaft eingesetzt zu haben, das wird man Martin Luther positiv anrechnen dürfen: Er hat nicht lethargisch die Dinge hingenommen, wie sie nun einmal waren. Nein, er hat etwas in Bewegung gesetzt und verändert.

Nur wirft seine ursprüngliche Intention einen Schatten auf sein Werk. Sein Ausgangspunkt war nämlich die Frage, wie er einen »gnädigen Gott« finden könne. Das hat ihn gequält, das hat ihn leiden lassen: Wie kann der kleine, ach so sündige Martin vor dem großen Gott bestehen? Was kann ihn »gerecht machen«; was also fällt, wenn der Herr zu Gericht sitzt, zu seinen Gunsten aus?

»Wie finde ich einen gnädigen Gott?« – In dieser Frage spiegelt sich der ängstliche, depressive Charakter dieses Mannes wider. Er litt unter einem mangelnden Selbstwertgefühl und schien dies durch den Superlativ, sich als schuldigster aller

Menschen zu fühlen, wettmachen zu wollen: wenigstens im Sündigen der Erste sein!

Es liegt mir fern, mich über den armen Mönch in seiner Krise lustig zu machen. Er haderte mit seinem Glauben und fürchtete sich vor dem Zorn Gottes. Das war eine reale Angst, die er körperlich und seelisch spürte. Gottlob (im wahrsten Sinne!) fand er einen Ausweg, nämlich durch einen Vers aus dem Römerbrief: Die Gerechtigkeit, die vor Gott gilt, kommt aus dem Glauben. (1,17) Luther hat ganz richtig aus der Heiligen Schrift verstanden, dass man Gottes Zuwendung nicht kaufen oder eintauschen kann – sie bleibt Gnade.

Luther fand Linderung seiner tiefen Bekümmernis bei Paulus, dem großen und ersten Theologen des Christentums. Ob Luther ihn mit seiner Zuspitzung auf die Rechtfertigungslehre richtig verstanden hat, wage ich in Zweifel zu ziehen. Luther bleibt in juristischem Denken verhaftet. Gnade kann man nicht durch die Teilnahme an heiligen Messen gewinnen, nicht durch Geldspenden oder gute Werke erkaufen; Gnade ist Geschenk. So weit, so gut.

Aber dann schaltet sich gleich die nächste Bedingung ein: »Aus dem Glauben«, und Luther macht daraus: »Sola fide« – »Allein durch den Glauben«, wie es in seiner Übersetzung des Römerbriefes heißt: »So halten wir nun dafür, dass der Mensch gerecht wird ohne des Gesetzes Werke, allein durch den Glauben.« (3,28) – Allein! Immer diese Absolutheit. Immer das Extrem.

Bringt uns das Evangelium nicht einen anderen Glauben nahe? Einen, der »Begegnung« bedeutet, der mit »Vertrauen« umschrieben werden kann? Glauben kann man ebenso wenig »wollen«, wie man ein »Recht auf Gnade« einfordern könnte. Die Vorstellung, man müsse nur »genügend« glauben, dann werde alles gut, geht an der Wirklichkeit vorbei. Glaube ist ein Geschenk. Aber keines, das man festhalten und ins Regal stellen kann und nur ab und zu aufpolieren muss. Heute würden wir sagen: Glaube ist ein Prozess. Wir sind unterwegs auf dem Weg des Glaubens, und bei dieser

Pilgerfahrt geraten wir schon mal auf Abwege, in Sackgassen; wir pausieren, gehen gar Schritte zurück. In der Regel kommen wir langsamer voran, als wir es uns wünschen.

»Wie finde ich einen gnädigen Gott?« – Ist das die Frage eines Christen, der auf Gottes Liebe baut? Wer den Zorn Gottes mehr fürchtet, als er der Liebe Gottes vertraut, der denkt klein von Gott und noch viel kleiner vom Menschen. Keineswegs soll der Selbstherrlichkeit des Homo sapiens (der so vernünftig ja nicht ist) das Wort geredet werden. Aber den Menschen erniedrigen, um Gott zu erhöhen?

Ist Gerechtigkeit das Thema – oder Liebe? »Wie finde ich einen *liebenden* Gott?«, das wäre eine ganz wunderbare Frage. Und die Antwort darauf ganz einfach: Öffne die Türen und Tore deines Herzens, deiner Seele und deines Verstandes! Der liebende Gott harrt davor aus; ihn drängt es, zu dir zu kommen!

Dabei kommt mir Karl Valentin in den Sinn, der so schön verdreht feststellte: »Mögen hätten wir schon gewollt, aber dürfen haben wir uns nicht getraut.« – Luther traute sich nicht recht, der Frohen Botschaft Jesu zu trauen. Jesus verkündete die Barmherzigkeit Gottes, die allen Menschen zusichert: Gott steht auf deiner Seite.

Ironie der Geschichte: Kein Mensch fragt heute noch nach dem gnädigen Gott. Aber mit seinem persönlichen Problem hat Luther die Reformation losgetreten. Das Verkniffene der Ausgangsfrage hat sich wie eine Erbsünde im Protestantismus fortgepflanzt. Der Kulturhistoriker Egon Friedell fragte, was die Reformation im Großen gerechnet für die europäische Kultur bedeute. Seine Antwort ist niederschmetternd:

> »*Sie bedeutet nicht mehr und nicht weniger als den Versuch, Leben, Denken und Glauben der Menschheit zu säkularisieren. Seit ihr und mit ihr kommt etwas flach Praktisches, profan Nützliches, langweilig Sachliches, etwas Düsteres, Nüchternes, Zweckmäßiges in alle Betätigungen. [...] Alle Kindlichkeit weicht aus*

dem Dasein; das Leben wird logisch, geordnet, gerecht
und tüchtig, mit einem Wort: unerträglich.«

»Allein die Schrift« steht nicht in der Schrift

Unsere Welt wirkt heute so unübersichtlich. Was sollen wir
glauben? Was sollen wir tun? Da gibt es mehr als nur eine
mögliche Antwort. Und das war früher nicht anders; die
Sehnsucht nach klaren Verhältnissen ist schon sehr alt. Dem
Wunsch nach Eindeutigkeit entsprang auch Luthers Schlagwort: »Sola scriptura – allein (durch) die Schrift!« Womit
selbstredend die Heilige Schrift gemeint ist, zu der die Protestanten gern nüchtern »die Bibel« sagen.
Klingt erst einmal prima, klingt irgendwie klar und eindeutig: »Allein!« Nichts anderes. Nichts Minderwertiges oder
Ablenkendes. Und war gemeint als Kampfansage gegen die
Tradition. Stimmt schon, in der Kirche, die Luther vorfand,
waren die Traditionen etwas ins Kraut geschossen. Ablass,
Rosenkranz, Prozessionen und Pilgerreisen standen damals
hoch im Kurs, das Bibellesen weniger. Doch der überborden-
den Lust an der Überlieferung mit solch einem verkürzten
Motto wie »Allein die Schrift« Herr zu werden, konnte und
kann der Heiligen Schrift selbst nicht gerecht werden. Die
Bibel nämlich erwähnt einen solchen Grundsatz nirgendwo.
Wie könnte sie auch: Die Texte der Bibel wussten ja nicht,
dass sie später einmal ein Ganzes, eben »die Bibel«, bilden
würden. Die Heilige Schrift besteht aus zahlreichen Einzel-
schriften, aus Geschichtsbüchern, Dichtungen, Betrachtungen voller Weisheit, Briefen, Prophezeiungen und so weiter,
die erst später zu einem Werk zusammengefügt wurden.
Die Bibel selbst sagt nichts darüber aus, welche Bücher zu ihr
gezählt werden sollen und welche nicht. Aus der Vielzahl der
vorhandenen Texte eine Auswahl zu treffen, war eine Frage
des Glaubens: Welchem Text kam Autorität als »Gottes Wort«
zu, welchem war die Anerkennung abzusprechen? Diesen

Prozess nennt man Kanonisierung, Kanonbildung. Das griechische Wort »Kanon« bedeutet ursprünglich »Schilfrohr«, und wurde im Sinne von »Maßstab, Richtschnur, Norm« gebraucht. Es meint hier eine als verbindlich anerkannte Auswahl von Schriften.

Das Judentum vollzog diesen Prozess für die hebräische Bibel – das Alte Testament – in mehreren Schritten und legte erst um 100 n. Chr. eine Auflistung der kanonischen Bücher vor. Bei den Christen dauerte die Kanonisierung des Neuen Testaments mehr als 300 Jahre.

Zu den ersten neutestamentlichen Schriften gehörten die Briefe des Paulus, etwa ab dem Jahr 50 geschrieben. Später kamen die Evangelien und andere Schriften dazu. Neben den heute bekannten zirkulierten beispielsweise Evangelien des Thomas und des Nikodemus, ein Briefwechsel zwischen Paulus und dem römischen Philosophen Seneca und eine Offenbarung des Petrus. Für die Kanonisierung zählte einerseits die Autorschaft – alle ausgewählten Schriften galten als von Aposteln verfasst oder von Männern, die als deren Mitarbeiter oder Schüler angesehen wurden, wie Lukas oder Markus. Andererseits bestimmte die Praxis die Auswahl: Welche Texte wurden in den urkirchlichen Gemeinden gelesen und anerkannt?

Bereits um das Jahr 144 stellte der Theologe Marcion in Rom eine beschränkte Auswahl von Schriften zusammen: neben einem Evangelium, das Verbindungen zum Lukasevangelium zeigt, noch zehn Paulusbriefe. Das war auch für andere Gemeinden ein Anlass, ihre Auswahl zu überprüfen. Um 180 zählt ein italisches Fragment, der spätere Kanon Muratori, 22 Schriften als verbindlich auf. Um fünf erweitert finden wir diese Liste im Jahr 367 bei Athanasius, dem Bischof von Alexandria. Er bestätigt in einem Sendschreiben an die Gemeinden seiner Diözese, welche Schriften zum Neuen Testament gehören. Er zählt 27 auf – jene, die bis heute allgemein anerkannt sind. Um das Jahr 400 sollte sich dieser Kanon allgemein durchgesetzt haben, wenngleich der Prozess noch

nicht völlig abgeschlossen war. Die Ostkirche wollte zum Beispiel lange Zeit den Hebräerbrief nicht anerkennen. Auch von Martin Luther heißt es, dass er bei manchen Büchern seine Bedenken kundtat. Für das Neue Testament – dessen Bücherliste vom Konzil zu Trient 1546 bestätigt wurde – herrscht Einigkeit zwischen den Konfessionen.

Der langen Rede kurzer Sinn: Liebe Protestanten, die Schrift gegen die Tradition auszuspielen, hat keinen Sinn, denn die Schrift selbst ist ein Produkt der Tradition. Die Tradition gehe der Schrift voraus, stellte 1963 in Montreal die 4. Weltkonferenz für Glaube und Kirchenverfassung des Ökumenischen Rates der Kirchen fest. Und Willi Marxen, evangelischer Professor für das Neue Testament, scheute sich nicht, die Kanonbildung ein »Werk der Kirche« zu nennen.

Wir Katholiken haben damit kein Problem! Ein Problem haben wir allerdings mit einer strengen Auslegung des »Allein-Grundsatzes«: Bedeutet das am Ende, dass alle, die die Schrift nicht kennen, nicht zum Glauben gelangen können? Bis zur Erfindung des Buchdrucks mit beweglichen Lettern um 1450 durch Johannes Gutenberg kannten die wenigsten die Schrift. Bibeln waren kostbare Einzelstücke. Könige, Klöster und Kleriker besaßen welche, gewöhnliche Christen nicht.

Gab es denn vielleicht die ersten 1400 Jahre nach Christus nur wenige Christen, weil es nur wenige Bibeln gab? Diese Frage ist rein rhetorisch und theologisch schief, wie auch jene nach den Analphabeten, die nicht lesen können: Ihnen bleibt die Schrift verborgen – etwa auch der Glaube?

Schließlich wirft die Radikalität des »Allein!« auch Schatten auf den interreligiösen Dialog. Der mag dann mit Juden noch ein Stück weit gehen, weil wir die hebräische Bibel, das Alte Testament, mit ihnen teilen; doch das Gespräch mit allen anderen könnte man sich gleich sparen?

»Allein die Schrift!« – Nährt solch eine Forderung, man mag mich bitte nicht falsch verstehen, am Ende nicht fundamentalistische Neigungen? Wenn allein die Schrift gilt, ist

alles andere nichts wert. Keine wissenschaftlichen Erkenntnisse und nicht einmal die eigene Erfahrung. Da müssen
dann die biblischen Mythen als Welterklärung herhalten,
und bis heute gibt es Christen, die nur den Schöpfungsbericht akzeptieren, nach dem die Welt in sechs Tagen erschaffen wurde. Wer konsequent »allein die Schrift« befragt, der
wird zum Beispiel – wie ein mir bekannter Baptist – merken, dass die Bibel nichts zum Thema Umweltschutz sagt.
Aber müssen wir uns nicht dennoch um die Schöpfung kümmern?

Das Zweite Vatikanische Konzil hat die Bedeutung der Schrift
hervorgehoben und zu neuen Ehren gebracht. Alle Traditionen müssen mit der Schrift in Einklang stehen. Da erheben
die Protestanten gleich Einspruch; sie sehen vieles am Katholizismus als Erfindung der Kirche. Die Katholiken sind groß-
zügiger in der Interpretation der Bibel. Dieses umfangreiche
Buch ist voller Symbole und Andeutungen. Es kommt eben
darauf an, wie man die Schrift deutet.

Das ist das eigentliche Problem: Die Bibel legt sich nicht
selbst aus. Das tun immer Menschen, und die tun es aufgrund ihrer Erfahrung, in ihrer Zeit, mit ihrer Erkenntnis.
Schon der äthiopische Kämmerer, von dem uns die Apostel-
geschichte berichtet, las den Propheten Jesaja, konnte ihn
aber nicht deuten. »Verstehst du auch, was du liest?«, fragt
ihn Philippus, und der Kämmerer antwortet: »Wie kann ich,
wenn mich nicht jemand anleitet?«

Wer aber leitet an? Wer hat das Recht, die Macht, die Fähig-
keit, den Geist …, kurz: das Wort der Schrift und was es uns
sagen will, in die Gegenwart zu übersetzen? Denn wenn wir
es nur als historischen Text betrachten, hat es keinen Wert für
unseren Glauben. Dann lesen wir es wie die Odyssee Homers.
Um die Schrift lebendig zu halten als Wort Gottes, das uns
durch die Zeiten erreichen will, muss es im jeweiligen Kon-
text neu verstanden werden. Macht das jeder für sich allein im
stillen Kämmerlein? Der Prediger im Gottesdienst, weil er
außergewöhnliche Eingebungen hat? Der Theologe, weil man

ohne Studium nichts richtig verstehen kann? Der Papst, weil ihm die Deutungshoheit durch sein Amt zukommt?

Darüber ließe sich diskutieren, doch alle Diskussionsbeiträge beruhen auf Traditionen, auch auf denen, wie man etwas versteht oder verstehen sollte. Traditionen aber können sich ändern, müssen sich wandeln, um fruchtbar zu bleiben.

Das Interessanteste an Luthers Leitwort, es gelte »allein die Schrift«, ist doch die Entwicklung, die er damit anstieß. Die Protestanten wandten sich der Bibel intensiv zu, erforschten sie in allen Schichten, auch ihre Herkunft und ihre Entstehung über lange Zeiträume hinweg. Man interessierte sich für ihre Urheber, für die Welt und die Zeit, in der sie lebten und glaubten. Im Rahmen dieser Auseinandersetzung erkannte man Widersprüche und offensichtliche Unstimmigkeiten, stritt man über Mythen, authentische Jesusworte und unechte Paulusbriefe. Dieser Weg der historisch-kritischen Exegese dauert jetzt schon länger als zweihundert Jahre und ist noch nicht abgeschlossen. Er hat uns ein großes Stück Freiheit im Umgang mit der Bibel geschenkt und ist dabei ein Stück der Tradition der Kirche geworden. Schrift und Tradition sind keine Gegensätze, sondern ergänzen einander; eines kann ohne das andere nicht sein. In Schrift und Tradition kann Gott zu Wort kommen. Es kommt aufs Hören an: Wer Ohren hat, der höre – und spitze dafür nicht nur die Ohren am Kopf. Er neige auch, wie Mönchsvater Benedikt von Nursia sagen würde, das Ohr seines Herzens.

Die Sehnsucht nach Reinheit

Mit dem Papst hatte sich Luther überworfen, und da wollen wir nicht drum herumreden: Einige der Männer, die einst auf dem Stuhl Petri Platz nahmen, waren dieses Postens nicht würdig. Doch warum musste der Protestantismus so heftig reagieren und, statt den Laden aufzuräumen, gleich das ganze Papsttum ablehnen? Dahinter steckt wohl auch

ein forscher Hochmut, alles besser zu können. Und die Sehnsucht nach Reinheit: Man wollte mit der Reformation noch einmal bei null anfangen und sich von der missliebigen Geschichte der Kirche absetzen.

Aber das geht eben nicht: Der Papst – nicht als konkrete Person, sondern als leitendes Amt der Kirche – garantiert die Verbindung mit der eigenen Geschichte, und in der gibt es nun einmal Segen und Fluch. Der Papst ist das Symbol für die Einheit der Kirche. Er steht in der Nachfolge des Petrus, dem der Herr selbst verheißen hat: »Du bist der Felsen, auf den ich meine Kirche baue.« – Wenn wir in die Bibel schauen, sehen wir natürlich auch, dass dieser Felsen manchmal glitschig war. Der durchaus auch kleinmütige, feige, unzuverlässige Petrus ist das beste Sinnbild für das Papstamt. Wohlgemerkt: Petrus sprach auch das Bekenntnis zu Christus, dem Messias. Er trägt beide Pole, die Schwachheit und die Stärke, in sich.

Nach katholischer Auffassung steht jeder Papst in direkter Verbindung zu Petrus, dem ersten Papst, und zwar durch die sogenannte Apostolische Sukzession. Das bedeutet, verkürzt dargestellt: Ein Bischof legt dem nächsten die Hände auf, um ihn zum Amt der Kirchenleitung zu bestellen. Dieser legt dem nächsten, der einem weiteren die Hände auf, und so setzt sich die Reihe fort bis auf den heutigen Tag.

Schon treten die Kritiker auf den Plan und monieren, eine durchgehende Sukzession von Petrus bis Benedikt XVI. sei historisch nicht haltbar; diese Vorstellung beruhe auf einer frommen Fiktion. Und selbst katholische Kirchengeschichtler wissen, dass bereits Tertullian nicht Linus für den zweiten Papst hielt, wie es die Tradition behauptet, sondern Anaklet, auch Cletus genannt. Gleich am Anfang wird also die Beweislage brüchig. Aber klar bleibt doch, worum es geht: Die gegenwärtige Leitung der Kirche wurzelt in der Kirche der allerersten Christen, in den Aposteln, denen Jesus das Evangelium verkündigt hat.

Für das Erzbistum Köln beispielsweise bedeutet die Apos-

tolische Sukzession, dass der derzeitige Erzbischof Joachim Kardinal Meisner von einem anderen Bischof zum Bischof geweiht wurde, der wiederum selbst zuvor von einem Bischof zum Bischof geweiht worden war; und auch hier kann man – zumindest theoretisch – den »Weihestammbaum« zurückverfolgen bis zu den Aposteln.

Durch die Reformation ist diese Verbindung zu den Wurzeln der Kirche allerdings gekappt worden, da sich kein katholischer Bischof der evangelischen Bewegung angeschlossen hat: Die Apostolische Sukzession ist in diesem Zweig der Christenheit dadurch abgebrochen!

Doch auch die sich bildenden evangelischen Kirchen brauchten ja eine Leitung. Wie aber nannte man die Leiter größerer Bezirke? – Bischöfe! Obwohl es eigentlich – nach katholischer Sichtweise – keine sind, weil ihnen die Handauflegung eines Bischofs fehlt. Heute gibt es recht unterschiedliche Leitungsstrukturen in den zahlreichen Strömungen des Protestantismus. Jene, die an der Spitze einer Gliedkirche der EKD stehen, nennen sich einmal Landesbischof, ein anderes Mal nur Bischof, aber auch Präses, Kirchenpräsident, Landessuperintendent oder, in Bremen, geradezu provokativ bescheiden: »Schriftführer«. Doch was ist die Aufgabe dieser Leute? Die Kirche zu leiten, oder sie nur zu repräsentieren?

Mit Fragen der Organisation, des Machtgefüges, damit, wer was zu entscheiden hat, beschäftigen sich die Protestanten gern. Da freuen wir Katholiken uns doch über klare Strukturen. Wir haben einen Bischof, wir haben einen Papst! Und wenn etwas nicht so läuft, wie es uns gefällt, dann weiß man wenigstens, auf wen man schimpfen kann.

Aber jetzt mal im Ernst: Durch die abgebrochene Sukzession ist das Priestertum in der evangelischen Kirche verlorengegangen. Ihr habt zwar ordinierte Pfarrer (und auch Pfarrerinnen, und einige evangelische Kollegen sehnen sich deswegen immer noch nach dem katholischen Patriarchalismus zurück). Was aber bedeutet eure Ordination? Sie ist mehr als die Einführung in einen Job und doch etwas anderes als eine

Weihe. Ohne Weihe aber können nach katholischem Verständnis manche Sakramente nicht gespendet werden.

Darüber diskutiert man bei euch doch auch: Wer spendet (oder, in Amtsdeutsch: wer verwaltet) das Abendmahl? Welche Art von Beauftragung braucht man dafür? Die Ordination als Pfarrer? Und wer ist bevollmächtigt, zu ordinieren? Fragen über Fragen! Und keine Antworten … In der offiziellen Ökumene werden die Teilnehmer dogmatischer Verhandlungsgruppen auf absehbare Zeit nicht arbeitslos werden.

Gottesdienst: Unterricht auf Kirchenbänken

Palmsonntag, Anfang der neunziger Jahre. Jerusalem, Grabeskirche. Dutzende orthodoxe Priester ziehen in langer Prozession unablässig Kreise durch das schummrig beleuchtete Gotteshaus und singen in einer fremden und nicht deutbaren Sprache. Die monotonen Melodien wiederholen sich endlos. Die Luft hängt schwer in dem alten Gemäuer, ein Gemisch aus Weihrauch, Kerzenruß und Schweiß. Am Rande stehen Gläubige, die sich unaufhörlich auf Kopf, Brust und Bauch bekreuzigen, nachlässig allerdings, denn neben dem träge wie Lava fließenden Strom der Kleriker hat ein Gottesmann einen kleinen Verkaufsstand eröffnet, wo man heiliges Wasser und ebensolches Öl erwerben kann, dazu Bildchen und Kreuze.

Ich erlebte diese Szene (als einer von wenigen Katholiken) inmitten einer evangelischen Pilgergruppe aus der Nähe von Düsseldorf. Was mir als ein sakrales Schauspiel gefiel und mich entfernt an die Feierlichkeiten im Kölner Dom anlässlich des Dreikönigstages erinnerte, was mich also in einem positiven Sinne »unterhielt« – das stieß meine protestantischen Schwestern und Brüder einfach nur ab. Sie schüttelten den Kopf, suchten bald das Weite und kommentierten: »Das ist ja Fanatismus!«

Diese ungewohnte Art der nahöstlichen Spiritualität schien von den eigenen Frömmigkeitsbezeugungen so meilenweit entfernt, dass man die singenden Mönche einer anderen Religion zugehörig wähnte. Konnten die Aufführenden dieses Spektakels tatsächlich Christen sein?

Wie anders geht es in einem evangelischen Gottesdienst in Deutschland zu. Erst schnattert alles wüst durcheinander, wie in einer Markthalle. Mit dem ersten Orgelton jedoch verstummen die Kirchgänger, und man könnte meinen, eine Trauerfeier beginne: Heiliger Ernst legt sich über die Versammlung. Die Orte dieser Versammlungen können altehrwürdige Gotteshäuser aus vorreformatorischer Zeit sein oder auch durch schlichte Eleganz wirkende Kirchen des 19. Jahrhunderts. Allein was sich nach dem Zweiten Weltkrieg an sakraler Architektur verwirklicht hat, wollte in der Regel um jeden Preis das Empfinden verhindern, in einer Kirche zu verweilen: Es sind fade Stätten der Zusammenkunft. Man gönnt sich nichts Verspieltes. Man bleibt ernst.

Ernst zu bleiben scheint mir im Gottesdienst schon bei der Liedauswahl eine Herausforderung zu sein. Vom Eingangslied sind die Strophen 1, 2, 5-7, 9 und 12 angegeben. Ellenlange Texte, bei denen oft genug der Reim Vater des Gedankens war. Gern bin ich ja bereit, barocker Dichtkunst eine gewisse Schwülstigkeit nachzusehen. Doch beim Singen soll ich anscheinend nicht denken, sondern einfach den vorgegebenen Text in Töne umsetzen.

Die Töne werden ebenfalls vorgegeben, durch wacker Musizierende: den Organisten oder die Organistin und, so vorhanden, den Kirchenchor. Die Gemeinde singt ihnen Wort und Weise um eine Silbe verzögert nach, wodurch sich im Kirchenraum einzigartige Echoeffekte einstellen. »Lo-Lo-bet-bet den-den Her-Her-ren-ren …«

Doch das ist ja immer noch besser als nichts: Der Reformator Johannes Calvin schaffte in heiligem Eifer einst in Genf den nichtsnutzigen Gemeindegesang ab – das Wort allein sollte genügen. Doch diese verordnete Schlichtheit überforderte

selbst gutwillige evangelische Gemüter. Man ließ Musik wieder zu.

Johann Sebastian Bach führte die Kirchenmusik gar zu höchster Blüte. Noch heute erfreuen wir uns an ihr und staunen über die Kunst des Meisters – die er als Dienst zur größeren Ehre Gottes verstand. Doch der arme Bach wurde immerzu gebremst, denn sowohl Reformierte als auch Pietisten standen der Kirchenmusik kritisch bis abweisend gegenüber. Allzu viel Musik verhindere die Andacht, glaubten sie. Sie verweichliche, lenke ab, berge die Gefahr der Sinnlichkeit, der Empfindung und Erschütterung. So lehnte man Bachs Kantaten als »luxuriös«, als »fleischlich«, »üppig« oder »kraus« ab. Für die Pietisten glichen sie teuflischen Versuchungen. Schlimmstes Verdikt: Bachs Kirchenmusik sei »opernhaft«. Geduldet wurde die Unterstützung der Gemeindechoräle, doch schon ausschmückende Choralvorspiele galten als verzichtbar. Glücklicherweise fand Bach aber auch Förderer und Gönner, Menschen, die seine Musik schätzten, weil sie erkannt hatten, wozu sie imstande war: religiöse Erfahrungen zu unterstützen.

Doch eine Bach-Kantate kann nicht jeden evangelischen Gottesdienst bereichern. Das normale Programm bietet vor allem Bibelverse, Lesungen, Psalmen, Gebete, Abkündigungen, Predigt: Worte, Worte, Worte! »Predige, was du willst«, lud mich ein evangelischer Pfarrer in seine Kirche ein, »aber tu es nicht unter zwanzig Minuten!« – Steht die Quantität über der Qualität? Ich kenne andererseits genügend katholische Mitbrüder, deren Vertrauen in den Heiligen Geist grenzenlos erscheint: Sie gehen unvorbereitet auf die Kanzel (die es in katholischen Kirchen kaum noch gibt) und entwickeln dann erst während der Ansprache ihre Gedanken.

Da braucht man dann in der Tat zwanzig Minuten oder mehr, um in Fahrt zu kommen: Erst den auszulegenden Bibeltext nacherzählen, dann die Gedanken hierhin und dorthin schweifen lassen. Man verrennt sich schon mal, kommt zurück auf die Bahn, um am Ende bei seinem Lieblingsthema

zu landen: dass nämlich früher alles besser war ... All das ist für den geneigten Zuhörer eine Herausforderung, besitzt aber wenigstens noch einen Funken Unterhaltungswert: Wie kommt der Priester zurück zur Darbringung des Kindes im Tempel, wo er doch gerade von Zachäus im Baum erzählt?

Was aber bringen die evangelischen Geistlichen fertig? *Bewusst* zwanzig Minuten lang zu predigen, also vorbereitet! Das setzt sich ja wissentlich über die Erkenntnis der Kommunikationsforschung hinweg, die uns erklärt: Der moderne Mensch kann rund zehn Minuten lang aufmerksam zuhören. Danach ist seine Konzentration erschöpft. Könnte nicht in zehn Minuten alles gesagt sein? Das Doppelte an Zeit verleitet nur dazu, alle heilsbedeutenden Themen (oder die, die dafür gehalten werden) zu streifen: vom exegetischen Abriss der Bibelstelle über etymologische Spitzfindigkeiten bis zur Erlösung aller Menschen durch Jesu Kreuzestod. Das Ganze gespickt mit Überlegungen zur Situation der Menschenrechte in Asien, der Lage der Kirche in der Gegenwart und ergänzt um Aspekte der Umweltpolitik, der weiblichen Genitalverstümmelung und der Praxis des persönlichen Gebetes. Wunderbar, diese dankbaren Anlässe einer wahrlich staubtrockenen Ansprache, die sich noch dazu in beliebiger Reihenfolge kombinieren lassen. Zu erwähnen wäre noch der Begriff der Freiheit unter besonderer Berücksichtigung der Theologie des Paulus, des Kleinen Katechismus von Martin Luther, der Erklärung von Barmen und der Philosophie von Jean Paul Sartre.

Nein, länger ist nicht besser. Mancher Gedanke wirkt doch erst durch Zuspitzung, durch Präzisierung! Geht es nicht darum, große Zusammenhänge so auf den Punkt zu bringen, dass der Normalsterbliche sie versteht? Was aber macht der evangelische Prediger? Er zergliedert den kleinsten Gedanken in Abschnitte, bemüht, allem eine strukturelle Logik zu verleihen. Banalitäten werden wie mit der Dampfwalze ausgebreitet. Und wenn die gespannte Gemeinde am Anfang vernimmt: »Lassen Sie mich diesen Gedanken in fünf Schrit-

ten erläutern«, dann schwindet ihre Hoffnung, diesen Gedankengängen jemals folgen zu können. Vernimmt sie gar nach acht Minuten die wohl hilfreich gemeinte Regieanweisung: »Damit komme ich zum zweiten Schritt«, so ist es um sie geschehen. Sie schielt verstohlen auf die Uhr, multipliziert die verstrichenen Minuten mit den angedrohten fünf Schritten und wähnt sich bereits verdammt: 40 Minuten! Das darf nicht wahr sein! – Was aber ist Wahrheit (bereits Pontius Pilatus fragte so)? Am Ende dauert die Predigt in Echtzeit nur zwanzig Minuten, weil die dem ersten Schritt folgenden weiteren vier Schritte schneller gesetzt werden. Aber in »gefühlter Zeit« summierten sich die Minuten zu Stunden. Worte. Worte. Worte. Das vornehme Fremdwort »Redundanz« wird dem kaum gerecht: Da sind Wörter nicht nur im Überfluss vorhanden, es sind ihrer schlicht zu viele!

Der wortbetonte – um nicht zu sagen: wortüberladene – evangelische Gottesdienst spricht in erster Linie den Verstand an. Das Gemüt hingegen muss darben! Das Auge bekommt nicht viel zu sehen. In der Regel fungieren der Pfarrer oder die Pfarrerin als Alleinunterhalter. Keine Ministrantinnen und Ministranten schmücken das Bild. Die ganze Performance ist dürftig, kaum Bewegung, man sitzt sich Blasen an den Hintern. Nichts für die Nase (kein Weihrauch) und keine Glöckchen.

Wird da Gottesdienst gefeiert oder abgehalten? Die Liturgie wird nicht als heiliges Spiel zelebriert, sondern als Lehrveranstaltung aufgezogen. Der Gläubige soll hören, aufmerksam sein, lernen. Es geht getragen und ernst zu. Aber wie erfährt sich die Gemeinde als Gemeinschaft? Kaum einmal ein Friedensgruß lädt ein, dem Banknachbarn die Hand zu reichen. Die meisten evangelischen Gottesdienste sind reine Wortgottesdienste, bei denen kein Abendmahl ausgeteilt wird. Wie können sich die Christen da in mystischer Verbindung als Geschwister und als Kinder des Einen Vaters erfahren?

Daran kann auch eine Neuschöpfung nicht viel ändern: der gewissermaßen »interaktive« Gottesdienst. Der geübte Kirch-

gänger ahnt schon, was auf ihn zukommt, wenn am Eingang Stifte ausgeteilt werden: Mitwirkung ist angesagt! Es wird etwas auf Zettelchen aufzuschreiben sein, die anschließend eingesammelt und vielleicht zu einem »Mobile« verbastelt und an einen Zweig gehängt werden. Heißt: Der Konfirmandenunterricht, in einigen Gegenden Württembergs ebenso traditionell wie despektierlich auch »Konfus« genannt, höret nimmer auf.

Wo bleibt da die Versenkung ins Göttliche? Meine Seele kann sich dort nicht nähren. Das katholische Herz wird nicht gewärmt. Die protestantische Strenge fürchtet sich anscheinend vor dem sakralen Flair, als könnte dies die wahren Werte in den Hintergrund drängen. Aber ohne dieses Gespür für das Heilige – das im Hier und Jetzt unter uns erfahrbar sein will – fehlt doch was! Dieses »Etwas« hat der Katholik im Blut. Als meine Tochter eine Jugendliche war, nahmen wir beide an einem Konfirmationsgottesdienst teil. Die Konfirmanden zogen in die Kirche ein – in rasendem Tempo, der Pfarrer mit wehendem Gewand voran. Ihm voraus ging noch der Küster, der die Gemeinde bat, sich zu erheben. Dieser Einzug dauerte keine Minute lang, die Musik setzte erst ein, als alle schon am Platz waren. Meine Tochter drückte sich nicht sehr differenziert aus, aber was sie mir zuflüsterte, zeigte ihre konfessionelle Beheimatung an: »Und das soll jetzt feierlich gewesen sein …«

Aber da es ja bei euch nichts gibt, was es nicht gibt, gibt es auch in speziellen Bruderschaften »evangelische Messen« mit Prozession und Kerzen zum Evangelium und allem Drum und Dran. Aber ehrlich: Statt »Katholisch gespielt« bevorzuge ich das Original!

Jeder Christ ein Held der Arbeit?

»Schaffe, schaffe, Häusle baue!« – Protestantischer Fleiß ist sprichwörtlich: Der evangelische Christ muss immer etwas

tun, denn Müßiggang ist bekanntlich aller Laster Anfang. Am Anfang aber war es ganz anders! Am Anfang gab es das Paradies auf Erden, und da wurde nicht gearbeitet. Adam und Eva waren nackt und schämten sich nicht und freuten sich des Lebens. Dann aber begingen sie einen folgenschweren Fehler, übertraten das Gebot des Herrn und wurden dafür dauerhaft bestraft – indem fortan Existenzielles Mühe zu bereiten hatte: den Frauen das Kinderaustragen und -gebären, den Männern die Arbeit. »Im Schweiße deines Angesichts sollst du dein Brot essen, bis du wieder zu Erde werdest, davon du genommen bist.«

Nun wissen wir heute durchaus, dass es sich bei der Sündenfallgeschichte aus dem 3. Kapitel des Buches Genesis um einen Mythos handelt. Mythen sind Glaubenserzählungen, die auf ihre Art und Weise die Welt deuten. Warum denn ist das Gebären schmerzhaft? Das fragten sich die Menschen bereits vor Jahrtausenden. Und warum ist die lebensnotwendige Arbeit so hart? Die Antwort der Bibel speist sich aus der Vorstellung, der Mensch selbst habe das verbockt durch seine Grenzüberschreitung.

Dahinter steckt aber die wunderbare Phantasie, dass das Leben eigentlich anders entworfen gewesen sei, nämlich ohne Schmerzen und ohne Arbeit. – Kann der Protestant sich ein solches Dasein überhaupt vorstellen? Freie Zeit, die nicht nur der Wiederherstellung der Arbeitskraft dient, sondern einfach wirklich frei ist? Zum Vergnügen, zum Spielen, Singen, Dichten, Schlafen? Zum Nichtstun?

Seid ehrlich, Protestanten! Das arbeitsfreie Paradies ist euch unheimlich. Ihr fürchtet euch davor. Ihr braucht die Arbeit. Doch wofür? Wovor habt ihr Angst? Vor Langeweile? Davor, mit euch selbst allein zu sein? – An einer Antwort auf diese Fragen hat sich einst der Soziologe Max Weber versucht. Er fragte nach den Ursprüngen des Kapitalismus und entwickelte eine interessante These. Demnach hat der Kapitalismus seine Wurzeln im calvinistischen Glauben. Nach der Lehre von Johannes Calvin bestimmte Gott bereits vor der

Erschaffung der Welt, welcher Mensch gerettet und welcher verdammt wird. Diese Theologie nennt man Prädestinationslehre, also die Lehre von der Vorherbestimmung. Dabei spielt es keine Rolle, ob ein Glaubender ein gutes Leben führt oder nicht, ob er betet, in die Kirche geht, die Gebote hält, ein freigiebiger und mitfühlender Zeitgenosse ist – oder aber ein Schuft, selbstsüchtig und spöttisch. Gott entscheidet frei, nach Kriterien, die uns menschlichen Geschöpfen verborgen bleiben.

Da es nun den Menschen verrückt machen könnte, darüber nachzudenken, ob er zu den Erwählten gehört oder aber der ewigen Verdammnis anheimfällt, muss er sich ablenken. Und wie macht er das am besten? Durch Arbeit! Wer viel nachdenken möchte, soll viel arbeiten, um nicht nachdenken zu müssen. Wer aber viel arbeitet, erwirtschaftet auch etwas. Doch dieses Erwirtschaftete soll er nicht faul genießen, also keinen Wein davon kaufen, nicht schlemmen oder sich mit eitlem Wohlstand betäuben. Wichtig ist, die unmittelbare Bedürfnisbefriedigung aufzuschieben und, statt zu konsumieren, das Gewonnene wieder zu investieren.

Und siehe, damit haben wir einen entscheidenden Schritt in den Kapitalismus hinein getan.

Nun muss man in Rechnung stellen, dass Webers These immer wieder von Fachleuten angezweifelt wurde, weil sie auf tönernen Füßen steht. Doch er scheint einen wunden Punkt des Protestantismus getroffen zu haben: die Heroisierung der Arbeit!

Auch in der katholischen Soziallehre wird der Arbeit eine bedeutende Funktion zugesprochen, man spricht gar von ihrer Würde. Bereits Benedikt von Nursia soll das Motto »ora et labora – bete und arbeite« für seine Mönche geprägt haben. Und nachdem 1899 die internationale Arbeiterbewegung den 1. Mai zum Tag der Arbeit erklärt hatte, zog 1955 die katholische Kirche nach und machte diesen Termin zum Gedenktag für »Josef, den Arbeiter«.

Kurzum, auch Katholiken arbeiten. Notwendigerweise. Wenn

uns auch die Arbeit vertraut ist, so bleibt sie uns doch wesens-fremd. Das hat Professor Thomas Friedrich sehr präzise auf den Punkt gebracht, man könnte sagen: mit protestantischer Genauigkeit. Der Hochschullehrer für Designwissenschaft (evangelischer Konfession) hat nämlich ein »Polaritätenpro-fil« erstellt, das das unterschiedliche Verhältnis zur Arbeit voneinander abgrenzt. Nach der Sichtweise von Friedrich sieht der protestantische Zugang so aus:

1. *Arbeit ist ein Gottesgeschenk.*
2. *Arbeit wird heroisiert.*
3. *Hektische Betriebsamkeit herrscht bei den Protes-tanten – außerdem werden ständig Leistungsnach-weise und Rechenschaftsberichte erbracht.*
4. *Und nicht nur das: Arbeit muss wehtun. Libidinös besetzte Arbeit zählt nicht, damit kommt man nicht in den Himmel.*
5. *Arbeit und Glück: Ich bin glücklich, was mach ich nur falsch?*
6. *Karriere und Erfolg aller Art, z.B. Geschäftserfolg, sind positiv besetzt.*
7. *Wer Karriere und Erfolg haben muss, tut gut daran, staatstragend zu sein.*
8. *Müßiggang ist aller Laster Anfang.*
9. *Wer schläft, sündigt.*
10. *Wenn Arbeit krank macht, wählt der Protestant die Version »Workaholic« und arbeitet sich gleich zu Tode.*

Professor Friedrich stellt dem die katholische Perspektive von Arbeit gegenüber:

1. *Arbeit ist eine Strafe Gottes.*
2. *Statt einer Heroisierung der Arbeit ist die Aufhe-bung der Arbeit im Marx'schen Sinne mit den Ka-tholiken eher zu machen als mit den Protestanten.*

3. »Mei Ruah will i ham«, sagt der katholische Bayer – die Betriebsstörung liegt ihm näher als die Betriebsamkeit.
4. *Arbeit darf auch Freude und Lust machen, sie darf auch libidinös besetzt sein.*
5. *Arbeit und Glück: Ich bin glücklich – gut so!*
6. *Erfolg und Karriere. O weh, der das macht, hat es nötig. Die Bezeichnung »Karrierist« wird von Katholiken stets abwertend verwendet.*
7. *Auch die Bezeichnung »Großkopferte« ist stets abwertend gemeint. Alles, was von Staats wegen kommt, steht unter Generalverdacht. Dies ist eine eher anarchistische Grundhaltung (z. B. folgte im katholischen Italien in den 1970er- und 1980er-Jahren eine Staatskrise auf die andere – Italien ging daran nicht zugrunde).*
8. *Am schönsten ist es, nichts zu tun und dann vom Nichtstun auszuruhn (Klaus Havenstein).*
9. *Wer schläft, sündigt nicht.*
10. *Wenn Arbeit krank macht, wählt der Katholik die Version Burn-out-Syndrom und geht erst einmal auf Kur oder nimmt die Arbeitsblockade.*

Was der Gelehrte da beschreibt, findet meine Anerkennung. Verständlicherweise schimmert bei seiner Analyse offensichtlicher Neid auf das katholische Prinzip durch. Zu diesem gehört übrigens auch, andere die Arbeit für sich erledigen zu lassen. So danke ich Herrn Professor Friedrich für die freundliche Genehmigung, seine Thesen hier veröffentlichen zu dürfen.

Die Protestanten und der Staat

»Charakteristisch für die Geschichte des deutschen Protestantismus ist die Bejahung der jeweilig bestehenden Staats-

form.« – Geradezu lapidar klingt dieser Satz aus einer Denk-schrift der EKD (»Evangelische Kirche und freiheitliche De-mokratie«, 1985). Tatsächlich: Die evangelischen Christen in Deutschland galten immer schon als staatsloyal: Sie bejahten in ihrer Entstehungszeit das Landesfürstentum, später das Kaiserreich, die Weimarer Republik und die Nachfolgestaa-ten des »Dritten Reichs«, sowohl die Bundesrepublik als auch die DDR. Auch in der nationalsozialistischen Ära war die Zustimmung der Protestanten zur Regierung groß: Die NSDAP bemühte sich erfolgreich, die Kirche »gleichzuschal-ten«, d. h. im Sinne der nationalsozialistischen Weltanschau-ung umzuformen.

Eine besonders eifrige Gruppe unter den Protestanten waren die »Deutschen Christen«, die in Hitler eine Art Messias sahen. Sie behielten die traditionellen christlichen Symbole bei, gaben ihnen aber nationalsozialistische Inhalte – auf dem Fundament der nationalsozialistischen Blut-und-Bo-den-Ideologie. Ein Dr. Schreiner nannte den Gott der Bibel »ein aus dem jüdischen Urschleim entstandenes Gottesun-getüm satanischer Art«.

Die »Deutschen Christen« hielten nicht mehr Gottesdienste, sondern »Gottesfeiern« ab. Dort wurden »Kampflieder« ge-sungen; häufiger als die Bibel zitierte man Dichterworte. Die Taufe vollzog man ohne Nennung der trinitarischen Formel auf das »Schöne, Wahre und Gute«. Sie wurde als ein Hin-eintauchen in das Volk und in die Weltanschauung des Füh-rers interpretiert. Das Abendmahl deutete man um – der Wein galt als Zeichen »des ewig in uns pulsierenden Blutes«, das Brot als »Frucht des deutschen Bodens«.

Die Pfarrer der »Deutschen Christen« grüßten mit »Heil Hitler« – oft genug entgegneten die Gemeindeglieder aber mit »Grüß Gott«, sogar im norddeutschen Oldenburg, wo dieser unübliche Gruß die Opposition der Gemeinde anzeig-te. Denn selbstverständlich waren nicht alle Evangelischen diesem Irrweg verfallen. Für das Bemühen, aufrecht den christlichen Glauben in der Diktatur zu leben, stehen die

»Bekennende Kirche«, viele namenlose und nicht organisierte Christen und Pfarrer und natürlich prominente Opfer der Nazis wie Dietrich Bonhoeffer oder Hermann Stöhr, ein protestantischer Wehrdienstverweigerer.

Nach dem Zusammenbruch des Dritten Reiches tat sich die evangelische Christenheit mit einer Neuorientierung schwer. Das »Stuttgarter Schuldbekenntnis« enthält kein Wort über die Juden und spricht sehr zurückhaltend über das Versagen, ein verbrecherisches Regime gestützt zu haben. Obwohl die mitunter vorsichtig gewählten Formulierungen von verschiedenen Seiten kritisiert wurden, eröffnete das »Stuttgarter Schuldbekenntnis« der evangelischen Kirche die Wiederaufnahme von Beziehungen zu anderen Kirchen der internationalen Ökumene. Immerhin war es das erste Bekenntnis dieser Art: die anderen Kirchen, die Parteien, die Justiz, die Wissenschaften und Künste sollten erst viel später zugeben, dass auch sie gefehlt hatten.

In dem Dokument heißt es: »Durch uns ist unendliches Leid über viele Völker und Länder gebracht worden.« Doch dann geht es sehr viel milder weiter: »Wir klagen uns an, dass wir nicht mutiger bekannt, nicht treuer gebetet, nicht fröhlicher geglaubt und nicht brennender geliebt haben.« Erschreckend allerdings, dass diese Formulierung an die folgende erinnert: »In Alltag und Sonntag treuer zu glauben, inniger zu lieben, stärker zu hoffen, fester zu bekennen: So allein kann sich zeigen, was an dem christlichen Glauben echt ist. Wir bitten Gott, den Führer zu segnen.« So stand es geschrieben in einem Wort zum 50. Geburtstag des »Führers«, nachzulesen im Organ der Bekennenden Kirche (»Junge Kirche«).

Begrüßenswert, welche Lehre der Evangelische Erwachsenenkatechismus gezogen hat. Er warnt vor der »Gefahr und Versuchung, dass man die Hand Gottes in den geschichtlichen Bewegungen am Werke sieht, denen man persönlich zustimmt, oder dass man seinen Segen für jede Sache in Anspruch nimmt, die im Augenblick richtig erscheint«.

Den Nachgeborenen steht ein Urteil über die Vergangenheit nicht an, doch stimmen die Tatsachen sehr nachdenklich: Wie konnte sich so etwas auf dem Boden des christlichen Glaubens entwickeln? Das muss doch zusammenhängen mit der aus Ordnungsliebe genährten Staatsnähe des Protestantismus. Auch in Nordirland spielen die protestantischen Oranier eine unrühmliche Rolle, und in den USA galt lange Zeit die Vorstellung, wer kein Protestant sei, könne kein wahrer Patriot sein.

Werte Evangelische: Der Staat ist doch nicht das Reich Gottes auf Erden! Er ist nur ein Instrument, um das Leben der Gesellschaft in Frieden und Gerechtigkeit zu ermöglichen. Erschöpft euch nicht im Vorläufigen, sonst verliert man doch zu schnell den Blick auf das wahre Ziel. Das ist nämlich nicht von dieser Welt.

Freiheit, die ihr meint

Es gibt sehr wuchtige Begriffe, die positiv besetzt sind. Aber in ihrer Allgemeingültigkeit werden sie auch schnell nichtssagend: »Liebe« etwa ist so ein Begriff, auch »Zukunft« gehört dazu. Und ganz oben rangiert in dieser Reihe – über Jahrtausende hinweg – der Begriff »Freiheit«.

»Freiheit, Gleichheit, Brüderlichkeit« wollte die Französische Revolution einst verwirklichen; einige ihrer Wortführer kamen allerdings auf die aberwitzige Idee, diese hehren Ziele mit den Methoden eines Terrorregimes durchsetzen zu wollen. Und noch die schlimmste Diktatur würde offiziell verkünden, erst sie gewähre oder ermögliche den Menschen Freiheit. Freiheit, ein gefährdetes und zerbrechliches Gut!

Freiheit spielt auch im Glauben eine herausragende Rolle. Paulus etwa ermutigt und ermahnt zugleich: »Zur Freiheit hat uns Christus befreit! ... Ihr seid zur Freiheit berufen.« (Brief an die Galater 5,1+13) Aus dem Zusammenhang des Schreibens wird schnell klar, dass Paulus die Freiheit vom

jüdischen Gesetz meint. Ein Christ muss nicht erst Jude werden und damit die Verantwortung übernehmen, alle Ge- und Verbote zu beachten, zu denen ein beschnittener Jude verpflichtet ist. Nein, der Christ ist frei davon!

Martin Luther entwickelte – ausgehend von Paulus – im Jahr 1520 seine Schrift mit dem programmatischen Titel »Von der Freiheit eines Christenmenschen«. Er stellt seinen Überlegungen zwei Thesen voran, die als Antipoden aufgebaut sind: »Ein Christenmensch ist ein freier Herr über alle Dinge und niemand untertan. Ein Christenmensch ist ein dienstbarer Knecht aller Dinge und jedermann untertan.« – Mit viel Sachverstand und Temperament entwickelt der Reformator dann seine theologischen Gedanken.

Doch differenzierte Überlegungen haben es nicht erst heute schwer, wo das Statement eines Politikers auch zu einem noch so komplizierten Problem zwanzig Sekunden nicht überschreiten darf. Schon vor Jahrhunderten schätzte man eher schlichte Botschaften. Und eine davon hieß für die Protestanten: »Wir sind frei!« Frei? Wovon, wofür? Frei vom jüdischen Gesetz, in der Tat. Aber bedeutet das, dass gar keine Regeln mehr gelten? Der Schwärmerei war der Boden bereitet, und schon Luther musste sich von »Freigeistern« distanzieren, die im guten Gewissen, frei und erlöst zu sein, sündigten, was das Zeug hielt.

Was bedeutet evangelische Freiheit? Frei zu sein vom Papst? Frei von Traditionen? Von irgendwelchen religiösen Verpflichtungen, wie dem sonntäglichen Kirchgang? Eine solch schlichte Auslegung würde ich keinem aufrechten Protestanten der Gegenwart unterstellen wollen. Und doch fand ich den Slogan eines evangelischen »Impulspapiers« von 2007 im wahrsten Sinne bedenklich, die der evangelischen Kirche das Prädikat »Kirche der Freiheit« verlieh. – Lebe ich als Katholik etwa in einer »Kirche der Gefangenschaft«?

Freiheit ist kein geschützter Begriff, jeder darf ihn nutzen nach eigenem Wohlgefallen. Aber heißt das auch, alle Interpretationen seien angemessen? Wer die absolute Freiheit

verteidigt, wird sich dagegen wehren, hier irgendwelche Rahmenbedingungen zu akzeptieren, weil diese ja die Freiheit beschneiden würden.

Aber hallo! Solch eine Freiheit käme der Anarchie gleich. Es kann nicht jeder tun, was er will! Wir brauchen Spielregeln für das Zusammenleben. Und auch für das Zusammenglauben. Ich fürchte, die – bestimmt nicht beabsichtigte, aber im Regelfall anzutreffende – Vorstellung von Freiheit heißt bei vielen Protestanten: »Ich glaube, was ich will. Ich lebe, wie ich will.« – Keine Autorität gilt. Der Einzelne wird sich selbst zur höchsten Instanz. Mit anderen Worten, Freiheit wird mit Beliebigkeit und Unverbindlichkeit verwechselt.

Ich besuchte einmal in Kalifornien Freunde, die als Deutsche dort ein paar Jahre lebten. Sie schwärmten von der dortigen Gemeinde, der sie sich zugehörig fühlten. Es gehe dort locker zu, warmherzig und unvergleichlich unverkrampfter als in der deutschen Heimatgemeinde. Von der jugendlichen Tochter der Freunde wollte ich wissen, was die amerikanische Gemeinde denn so attraktiv mache. Sie fasste ihre Einschätzung in zwei Wörtern zusammen: »Have fun!« – »Hab Spaß!«

Ist das die Freiheit, die Protestanten meinen? Mitmachen, solange es Spaß macht? Sonst wechsle ich die Gemeinde, die Kirche, den Glauben, trete aus, werde Atheist? Toleranz gegenüber jedem und allem? Alles ist gleich gut und gleich richtig und gleich wahr?

Freiheit ist Gnade – und Last! Freiheit ist kein All-inclusive-Urlaub mit 24-Stunden-Service. Freiheit und Verantwortung sind Schwestern. Denn wer absolut frei wäre, verlöre den Halt. Was man auch tut oder lässt, nichts mehr ist selbstverständlich, alles muss in der persönlichen Freiheit entschieden, aber auch begründet werden. So sagt der französische Philosoph Jean Paul Sartre über die Freiheit der Moderne ganz zu Recht: »Wir sind zur Freiheit verurteilt.«

Zersplittert und mühsam zusammengehalten

Der Katholizismus ist eine Kirche – der Protestantismus sind viele Kirchen: Evangelische Christen gibt es in mannigfachen Variationen. Das kann man positiv sehen, als bunte Vielstimmigkeit des Grundthemas Reformation. Diese Pluralität macht den Prozess der Ökumene allerdings nicht unbedingt einfacher. Denn wer ist Gesprächspartner der katholischen Seite?

Die Evangelische Kirche in Deutschland ist selbst bereits ein Produkt der innerevangelischen Ökumene. Denn bereits während der Reformation strebten die Anhänger dieses Weges in verschiedene Richtungen. Anhänger Luthers, Calvins und Zwinglis stritten leidenschaftlich über das rechte Verständnis der Bibel, der Taufe und einige andere theologische Fragen. Das ging so weit, dass man sich gegenseitig die Teilnahme am Abendmahl verweigerte! Die deutschen Lutheraner, Reformierten und Unierten vereinbarten erst 1973 – also ein paar Jahrhunderte nach Luther – in einem »Leuenberger Konkordie« genannten Dokument »Kirchengemeinschaft in Wort und Sakrament« – zusammen mit zahlreichen anderen lutherischen, reformierten und methodistischen Kirchen Europas.

Doch der evangelischen Konfessionen sind noch mehr. Denken wir an die freikirchlichen Gemeinden, an Baptisten, Mennoniten und Pfingstler. Nicht zu vergessen die Herrnhuter Brüdergemeine, der wir die »Losungen« zu verdanken haben, und die Heilsarmee, die durch beeindruckende Sozialarbeit und quasimilitärische Uniformen auffällt. Auch die im Gottesdienst schweigenden Quäker zählen dazu, wie auch die Anglikaner, die selbst wieder in unterschiedliche Richtungen unterteilt werden können.

Dieser vielstimmige Chor des Protestantismus singt aber nicht immer harmonisch, sondern oft genug kakophonisch. Einziges Bindeglied scheint die Ablehnung des Papstes als Oberhaupt der Christenheit zu sein. In allen anderen Fragen herrscht eine Fülle von Ansichten. Die einen befürworten die Ordination von Frauen, die anderen lehnen sie ab. Die

einen lassen schwule und lesbische Menschen zu kirchlichen Ämtern zu oder trauen gleichgeschlechtliche Paare in einer kirchlichen Hochzeit. Die anderen drohen deswegen mit der Abspaltung von der Gemeinschaft. Zu Todesstrafe, Abtreibung oder auch nur zu der Frage, welche Taufe denn gültig sei, gibt es keine allgemein anerkannte »evangelische« Position. Der katholische Gesprächspartner sieht sich mit einer Palette von Haltungen konfrontiert.

Fürwahr, wenn es im Apostolischen Glaubensbekenntnis heißt, wir glauben an die »eine, heilige und katholische Kirche«, dann ist das nicht mit der »römischen« gleichzusetzen. Aber diese römisch-katholische Kirche ist doch ein Stück mehr »eine« Kirche, als der Patchwork-Protestantismus.

Synodalissimus

Oft genug beneiden wir Katholiken euch Evangelische ja um das synodale Prinzip. Das bedeutet, dass in der Kirche nicht von »oben nach unten« entschieden wird, sondern von »unten nach oben«. Dieses Prinzip entspricht in der postmodernen Epoche unseren Vorstellungen von Demokratie: Nicht einer sagt, wo's langgeht, sondern alle bestimmen mit.

Klingt prima. Doch schon in der Umsetzung der Demokratie im politischen Bereich sehen wir tagtäglich die Grenzen dieses Prinzips: Vertreten die Vertreter des Volkes wirklich dessen Anliegen, oder verfolgen sie überwiegend eigene Interessen? Welche Kompromisse darf, soll, kann, muss man eingehen, um gesteckte Ziele zu erreichen? Und welche Kompromisse sind Verrat an der Sache? Wer übernimmt überhaupt ein Mandat, um in einem Parlament Wort und Stimme zu bekommen?

Ganz ähnlich verhält es sich ja im kirchlichen Bereich mit den Synoden, angefangen beim Presbyterium (dem Kirchenvorstand) vor Ort. Wer wird da hineingewählt? Die fähigsten Leute der Gemeinde? Welche Fähigkeiten sind überhaupt

gefragt? Muss man besonders fromm sein? Sich gut darstellen können? Gute Beziehungen haben? Werden jene in
einen kirchlichen Rat gewählt, die durch Erfahrung, kriti-
schen Geist, Engagement, Jugend oder Alter oder sonst ein
Kriterium besonders berufen scheinen? Oder werden jene
gewählt, die sich eben zur Wahl gestellt haben? Das sind oft
genug Verlegenheitskandidaten. Denn wer hat schon die
Zeit, angesichts protestantischer Wortverliebtheit einmal im
Monat bis kurz vor Mitternacht über die Farbe der Sitzbezü-
ge im Gemeindesaal, drei Angebote zur Reparatur des ge-
meindeeigenen Rasenmähers oder den Preis der Würstchen
auf dem nächsten Gemeindefest zu debattieren? Oft sind es
die Honoratioren der Gemeinde, die ein Amt brauchen, oder
Hausfrauen, die erst abends Zeit haben, oder Pensionäre
aller Art, die früher einmal bestimmen und entscheiden
konnten und es weiterhin gern möchten.

Das ist gar nicht so böse gemeint, wie es jetzt klingt, denn
das alles sind durchaus ehrenwerte Beweggründe für ein Engagement in einem Gremium der Gemeinde. Doch müssten,
um der Verantwortung gerecht zu werden, nicht noch ein
paar andere Voraussetzungen erfüllt sein? Wenigstens die,
sich versöhnen zu können. Wer kennt nicht Gemeinden, die
heillos zerstritten sind, wo es praktisch keine konfliktfreie
Kommunikation mehr gibt?

Gute Voraussetzungen, die gelten ja noch viel mehr für die
anderen Synoden, auf der Ebene des Kirchenkreises, der
Landeskirche, der EKD. Und überall wird gesprochen, ver-
handelt, abgewogen. Das braucht Zeit. Viel Zeit. Deswegen
nimmt man sich auch bei großen Themen gleich »Dekaden«
vor, also Zehn-Jahres-Einheiten. Und am Ende kommt was
heraus? – Genau: Papier! Dokumente, die gehaltvoll sind
und sich bemühen, allen Einwänden gegen den allgemein er-
zielten Konsens gerecht zu werden. Man könnte auch sagen: Was bleibt, ist ziemlich verwaschen. Und ohnehin fühlt
sich – dank des evangelischen Freiheitsdenkens – niemand
wirklich an die Ergebnisse gebunden.

Vor einiger Zeit äußerte ich mich einem befreundeten evangelischen Pfarrer gegenüber noch positiv zum protestantischen Synodalprinzip. Ich hatte mich in irgendeiner Sache über die katholische Hierarchie geärgert. Zu meiner Verwunderung widersprach mir der Mann: »Ach, Synoden brauchen ewig. Manchmal wünsche ich mir einen Bischof, wie ihr Katholiken ihn habt: Er beschließt, und gut ist es!« Das würde Ärger und Energie sparen, die man sinnvoller einsetzen könnte.

Noch bedenkenswerter aber scheint mir die Frotzelei eines Professors zu sein (ehemaliger Protestant und einer der wenigen echten Atheisten, die ich kenne). Er konnte über die katholische Lehre der Unfehlbarkeit des Papstes nur seinen Spott ausschütten. Er lobte aber die kluge Zurückhaltung des Vatikans in der Ausübung dieses Machtinstruments. Nach der Dogmatisierung der Unfehlbarkeit im Jahre 1870 wurde ja nur ein weiteres Dogma verkündet, nämlich 1950 das von der »Leiblichen Aufnahme Mariens in den Himmel«. Der Wissenschaftler behauptete nun ziemlich bissig, stünde dem Protestantismus ein solches Dogma wie das der Unfehlbarkeit zur Verfügung, seine Synoden hätten alljährlich davon Gebrauch gemacht. So wären zahlreiche Glaubenssätze auf uns gekommen, die sich wahrlich oft widersprächen.

Nun, da die Evangelischen sich aber aller starren Festlegung widersetzen, müssen sie Synoden abhalten, heute und alle Tage und in Ewigkeit. Dafür? Dagegen? Enthaltungen? Damit kommen wir zum nächsten Tagesordnungspunkt ... Sitzungschristentum ist echt ätzend, katholisch wie evangelisch. Sitzungsökumene ist übrigens auch nicht besser. Weniger reden, mehr tun!

Ach wie flüchtig, ach wie nichtig

Aus einem Internationalen Kochbuch hatte ich das Rezept für die »Zürcher Pfarrhaustorte« herausgesucht. Zürich!

Wirkungsstätte des Reformators Ulrich Zwingli. In den Teig gehörte – was mich verwunderte – ein Teelöffel Salz. Der fertige Kuchen schmeckte dann ziemlich eigenwillig: Der salzige Boden bildete einen interessanten Kontrast zum süßen Belag aus Äpfeln und Konfitüre. Ich deutete dieses Rezept als Beweis für eine streng protestantische Lebenseinstellung, die jeden Genuss im gleichen Augenblick bestrafen will.

Von diesem Rezept und meiner Betrachtung dazu erzählte ich einer Freundin, die einfach nicht glauben wollte, dass ein ganzer Teelöffel Salz in den Teig gehörte. »Bitte, ich kann es dir beweisen«, behauptete ich sicher und zog das Buch aus dem Regal – »Eine Prise«, stand da. Nun, mit diesem Geständnis will ich gleich bekennen: Wer über das Wesen der Evangelischen spricht, muss sich vor Klischees hüten.

Deren gibt es viele: »Protestanten seien …« Und dann sprudelt bei Katholiken eine ganze Litanei von Eigenschaften hervor, die eine beklemmende Wirkung entfalten und Depressionen hervorrufen. Es stellen sich Bilder von Wüste und Hölle ein. Mitleid übermannt jeden empathischen Christen katholischer Konfession. Denn Protestanten seien humorlos, lebensunlustig, verbissen, gebremst, karg, lustfeindlich, moralinsauer, trocken. Vornehm ausgedrückt: vernunftlastig und kontrolliert. Zu charakterisieren mit den Schlagwörtern: Arbeit, Ordnung, Dienst und Pflicht.

Alles Klischees? – Um das Ansehen ihrer Kirche besorgte Protestanten werden nicht müde (wieder so etwas, »nicht müde werden«!) zu betonen, auch Evangelische liebten das gute Leben. Schließlich habe doch schon Luther gesagt: »Warum soll ich den Rheinwein nicht trinken, wenn Gott ihn geschaffen hat, und die Hechte nicht essen, wenn sie von Gott geschaffen worden sind?« – Soll er doch trinken und essen, aber nicht erst groß nach dem »Warum?« fragen!

Nein, so traurig es ist, die Vorurteile stimmen mit der Realität oft genug überein. Wer hat denn den Karneval erfunden, den Inbegriff des Sich-Gehen-Lassens? Nicht die Protestan-

ten. Wer hat einst mit zahlreichen Heiligenfesten für genügend Feiertage im Jahr gesorgt? Nicht die Protestanten. Sie haben aus vielen (arbeitsfreien) Bußtagen einen einzigen tristen, traurigen und typisch evangelischen Buß- und Bettag gemacht. Ach, wie flüchtig, ach, wie nichtig … Wer kann denn sinnenfroh, bunt und oft genug wider die Vernunft das Leben und den Glauben zelebrieren? Nein, es sind nicht die Protestanten. Sie müssen denken. Alles muss sich irgendwie lohnen, alles muss rational begründbar sein.

»Ich hatte viel Bekümmernis« heißt eine wunderbare Kantate Johann Sebastian Bachs. Wunderbar ist nicht nur die Musik, sondern allein schon der Titel mit diesem herrlich unmodernen Wort Bekümmernis. Er bringt protestantische Weltsicht auf den Punkt: Das Dasein auf Erden ist schwer und jammervoll. Der Kummer drückt nieder. Und sollte es doch Anlass zu Freude geben, zu Spaß, gar Lust – so geht sicherlich ein schlechtes Gewissen damit einher. Und nicht einmal eine Beichte kann Erleichterung verschaffen.

Ja, ja, ich übertreibe. Und doch: Protestanten! Ihr nehmt alles zu ernst, sogar euch selbst.

Profile und Neurosen

Meine Mutter erzählte mir einmal von ihrer ersten schmerzhaften Begegnung mit dem Protestantismus. Kurz vor dem Zweiten Weltkrieg, als Sechsjährige, nahm sie mit ihrer Mutter an einem evangelischen Trauergottesdienst für eine Nachbarin teil. Das Weihwasserbecken suchte sie an der Eingangstür vergebens und erntete dafür nur einen gestrengen Blick ihrer Frau Mama. Als sie sich dann in der Bank zu einem Gebet hinknien wollte, wie sie es gewohnt war, landete sie mangels Kniebank unsanft auf dem kalten Steinboden und schlug sich das Kinn an der Vorderbank auf.

Keine Kniebank! Aber das ist ja nicht das Einzige, was den Protestanten fehlt. Mit einem evangelischen Kollegen habe

ich Ökumene-Abende in Gemeinden veranstaltet. Wir fragten die Teilnehmenden nach Assoziationen zu den Schlagworten »typisch katholisch« und »typisch evangelisch«. Auf der katholischen Seite schlug beispielsweise zu Buche: Papst, Weihrauch und Weihwasser, Maria und Heilige, Beichte. Und auf der evangelischen? Kein Papst. Kein Weihrauch und kein Weihwasser. Keine Maria und keine Heiligen. Keine Beichte. Aha, die Protestanten definieren sich also dadurch, nicht katholisch zu sein? Was bleibt denn dann? Ein reduziertes, eingedampftes Verständnis von Kirche und Christentum? Zu Reformationszeiten hatte man wenigstens noch einen klar definierten Feind: Rom! Aber damit kann man doch heute nicht mehr punkten. Was also hält die Protestanten zusammen?

In der Tat scheint mir eine mangelnde Identifikation mit der eigenen Kirche ein deutlich wahrnehmbares Problem der evangelischen Christen zu sein. Die meisten tauchen nur zu Taufe, Konfirmation und Bestattung auf. Am Gottesdienst nehmen nur wenige teil. Und selbst die Kirchenvorsteher werden sonntags oft genug vermisst. Das heißt, *ich* zumindest vermisse sie. Vielleicht finden Protestanten es ja normal, dass diejenigen, die die Gemeinde leiten und führen, nur sporadisch in Erscheinung treten. Mir mangelt es da an Treue. Ja, ich verwende dieses eigentümlich altmodische Wort. Sogar die Pfarrerschaft ist infiziert, viele leiden unter einer chronischen Berufsidentifikationskrise. Man muss sich anscheinend gegen alles wehren, was von »oben« kommt, ob von der Landeskirche oder auch nur vom Kirchenkreis.

Schlaglichterfahrungen: Ein Pfarrer empfindet die turnusgemäße und übliche Visitation seiner Gemeinde durch einen Ausschuss der Kreissynode als »Inquisition«. – Eine Pfarrerin im Schuldienst wird vom Superintendenten aufgefordert, sonntags Gottesdienste zu übernehmen. Ihre schroffe Reaktion: »Was soll ich für fünf alte Frauen eine Predigt vorbereiten?« – Ein Pfarrer schiebt einigen Frust vor sich her und beschließt, nach der Pensionierung aus der Kirche auszutreten …

Die evangelische Kirche hadert mit ihrer Rolle als Institution. Solche Gebilde unterliegen nun einmal eigenen Gesetzmäßigkeiten. Dazu gehört unter anderem das Bedürfnis nach Führungspersonal, nach Abgrenzung, klaren Positionen und Kontinuität. So spielt auch in der Kirche des allgemeinen Priestertums – wie sich der Protestantismus gern selbst versteht – der Pfarrer, die Pfarrerin eine herausragende Rolle. In der so genannten Pastorenkirche sind viele Gottesdienste Ein-Mann-/Eine-Frau-Veranstaltungen. Und auch sonst haben die Amtsträger zu entscheiden. Man darf ihnen jedoch außerhalb des Kultes nicht ansehen, dass sie Geistliche sind. Vorbei sind auch die Zeiten, als Bart und Norwegerpullover einen Pastor kennzeichneten. Aber das alles sind ja nur Kinkerlitzchen angesichts der wirklich großen Fragen.

Im ökumenischen Dialog glänzt ihr oft mit Minderwertigkeitskomplexen. »Ökumene der Profile« war so ein tolles Schlagwort. Wenn Profil im Sinne von »markante Prägung« verstanden wird, so hat der Katholizismus wohl reichlich davon. Und der Protestantismus will sich abgrenzen. Nur zu, das ist im Wettbewerb so. Doch ihr orientiert euch immer an den Katholiken. Dieses mitunter neurotisch wirkende Verhalten schlägt sich bisweilen in Arroganz nieder. So hieß es im Herbst 2009 in einem internen EKD-Papier, das durch Indiskretion den Medien zugespielt wurde und dann zu Verstimmungen im Austausch der Konfessionen geführt hat:

»Die intellektuelle und positionelle Präsenz in gesellschaftlich relevanten und politisch heiklen Fragen wird in den letzten Jahren deutlich von der evangelischen Kirche dominiert und geprägt.«

Wie der Autor zu diesem Befund gelangt? Wir leben doch im gleichen Deutschland. Dass hier die Positionen des Protestantismus im Diskurs der Gesellschaft überhaupt wahrgenommen, gar dominieren würden – das ist reines Wunsch-

denken. Es sagt wenig aus über die Realität der Evangelischen, aber viel über die Sehnsucht ihrer Wortführer.

Der Protestantismus steckt in einer Krise. Er weiß, wo er herkommt. Er weiß aber nicht, wo er hinwill. Die Verheißung von Freiheit mag vom Spätmittelalter bis zur Moderne ein Programm gewesen sein. Aber in der globalisierten Welt suchen die Menschen etwas anderes, nämlich Halt, Verlässlichkeit, Gemeinschaft. Die evangelische Kirche aber verwickelt sich in Streitereien über Strukturfragen: Wer darf bestimmen? Wie viel Verbindlichkeit lässt sich mit dem evangelischen Bekenntnis vereinbaren? Und während man so ringt, verlassen die Massen die Institution. Die evangelische Kirche präsentiert sich als lockere Versammlung von Individualisten, die einsam vor ihrem Gott stehen und alle Verantwortung selbst tragen müssen. Wer kann diesem Gewicht schon standhalten?

Es steht ernst um den Protestantismus. Mit Ernsthaftigkeit kennt man sich bei euch ja aus. Humor ist eure Stärke nicht. Und selbst die wenigen wirklich evangelisch geprägten Witze haben eine bittere Pointe. Wie dieser: Zwei Pfarrer, die Mäuse in ihren Kirchen hatten, tauschen sich aus. »Wie hast du sie wegbekommen?«, fragt der eine seinen Amtsbruder. Der gibt den guten Tipp: »Ich habe die Mäuse konfirmiert – fortan blieben sie alle weg!«

Ja, wir Katholiken …

Ökumene kann nicht heißen, alles um des lieben Friedens willen zu relativieren. Schließlich braucht, wer den Dialog führen will, einen Standpunkt – oder ein Profil, wie es bei euch Protestanten in jüngster Zeit heißt. Warum also die eigene konfessionelle Heimat verleugnen? Und so scheue ich mich als leidenschaftlicher Katholik nicht, von den Vorzügen meiner eigenen Kirche zu schwärmen.

»Glaube de luxe«

Herz Jesu, Todsünden und die Unbefleckte Empfängnis. Blasiussegen, Ewiges Licht und Fronleichnam. Schutzmantelmadonna, Beichtgeheimnis und Unfehlbarkeit. Sonntagspflicht, Rosenkranz und Zölibat – eine ganze Reihe Besonderheiten sind dem Katholizismus eigen. Eigenartigerweise sind diese Begriffe darüber hinaus im allgemeinen Sprachgebrauch präsent. Harald Schmidt, der zwischen Plattheit und anspruchsvollem Humor balancierende Entertainer, brachte in einer Show einen (schiefen) Vergleich: Außenminister Westerwelle trage seinen Amts-Vor-Vorgänger Genscher »wie eine Christophorusplakette« mit sich herum.
Christophorusplakette! Was für ein urkatholisches Wort! Nur ein Katholik wie Harald Schmidt kann den Mut haben, es einfach so zu verwenden, als wüsste jeder Bescheid, worum es geht. Und wenn die Bundeskanzlerin eine Klausurtagung abhält, heißt es im Fernsehkommentar schon mal, sie befinde sich mit dem Kabinett »im Konklave« … Das zeugt von der Macht der Institution katholische Kirche. Das zeugt von einem lebendigen Bedürfnis nach diesen anscheinend so altmodischen Dingen, die aber unsere tiefsten Sehnsüchte zum Ausdruck bringen.
Gleichgültig, ob man Mitglied oder Außenstehender, Freund

oder Feind der katholischen Kirche ist: Wer Geschichte, Kunst, Moral und Gesellschaft des christlichen Abendlandes verstehen möchte, der kommt um die Auseinandersetzung mit dem Katholizismus nicht herum.

Die katholische Kirche erhebt den Anspruch, Weltkirche zu sein, getreu ihrem Namen: »Katholisch« heißt übersetzt »allumfassend«. Tatsächlich hat die katholische Kirche Niederlassungen in jedem Land der Erde. Über eine Milliarde Menschen gehören ihr an. Zwar belaufen sich in deutschen Landen die Kirchenaustritte mittlerweile auf Zigtausende pro Jahr; das ist bitter. Dennoch gibt es einen beständigen Zuwachs an Katholiken durch die Bevölkerungszunahme in den Ländern der südlichen Hemisphäre. Dort lebt längst auch die Mehrheit ihrer Mitglieder.

Der Katholizismus ist die prägende Kraft des gesamten Christentums. Man steht entweder in katholischer Tradition oder hat sich bewusst davon abgewandt. Gleichgültig lässt der Katholizismus niemanden, der sich zu Jesus von Nazareth als dem Christus bekennt. Für den Katholiken ist das Katholischsein identitätsstiftend. Als Paradebeispiel möge der Schriftsteller und Literaturnobelpreisträger Heinrich Böll (1917 bis 1985) dienen, den man gewiss nicht der Bigotterie bezichtigen kann. Böll bezeichnete sich selbst ungern als Christen. Einer nur sei eigentlich ein solcher gewesen, meinte er einmal: Christus selbst. »Christ« als Prädikat war ihm zu anspruchsvoll. Der Gebrauch dieser Selbstbezeichnung bei Protestanten erschien ihm anmaßend. Er empfand sich als Katholik, als »reinrassiger« sogar, wie er einmal scherzhaft sagte: »Kein Protestant in der Ahnenreihe!«

Katholisch zu sein in Deutschland bis in die Zeit nach dem Zweiten Weltkrieg, das bedeutete nach Bölls Interpretation, stigmatisiert zu sein: mit dem Merkmal des Andersseins behaftet. Der Katholizismus habe im Bismarck'schen Reich etwas Undeutsches, fast Schmutziges an sich gehabt. Randnotiz: Bölls Eltern waren noch vom Kulturkampf geprägt. Der Vater musste heimlich zur Erstkommunion gehen, die

Mutter durfte nur heimlich die Firmung erhalten. Es ist eine psychologische Binsenweisheit, dass so etwas die Loyalität fördert und den Stolz hebt, zur angestammten Gruppe zu gehören.

Sich einen Katholiken zu nennen, damit hatte Böll keine Probleme. Man mag verwundert sein, dass er sich auch nach seinem Kirchenaustritt als solcher fühlte, ja, sogar stets betonte, er sei katholisch. Und das auch noch nach vielen Jahren (vorsichtig ausgedrückt) unerquicklicher Auseinandersetzung mit der Kirche.

Als Kind durchlief Heinrich Böll die traditionellen *rites de passage*: Taufe, Erstkommunion, Firmung. Böll war das typische Kind des katholischen Milieus. Da war man katholisch, ohne fanatisch zu sein. Als Kind und Jugendlicher zählte er zu den Mitgliedern der Marianischen Kongregation, die neben Andachten auch Ausflüge und Singabende im Programm hatte. Im nationalsozialistischen Deutschland war das zwar nicht gerade eine Widerstandsbewegung, aber es gehörte doch Mut dazu, die katholische Jugendarbeit aufrechtzuerhalten. Der Jugendliche Heinrich übernahm in seinem Wohnviertel die Verteilung der »Jungen Front«, einer katholischen Wochenzeitschrift. Das Tragen des XP-Zeichens am Rock, also des griechischen Christusmonogramms, hatte durchaus demonstrativen Charakter. Eine Zeitlang fungierte er sogar als »Sekretär« des Kaplans von St. Maternus; er legte für ihn Karteien an und erledigte Teile der Korrespondenz.

Widersprüchlich war Bölls Verhältnis zur Kirche bereits in seiner Jugend. Denn eigentlich hatte er nach der Machtergreifung der Nationalsozialisten erwogen, aus der Kirche auszutreten. Der Vatikan nämlich war eiligst dabei gewesen, dem neuen Reichskanzler Adolf Hitler zu gratulieren. Ein Kirchenaustritt in dieser Zeit hätte jedoch als Zugeständnis an die Nazis missverstanden werden können, propagierten diese doch den Bruch mit der Kirche. Also blieb Böll zähneknirschend dabei. Im Alter zwischen vierzehn und achtzehn Jahren besuchte er allerdings selten eine Messe, phasenweise

gar nicht. Da ihn seine Eltern aber nie drängten und kontrollierten, bewirkte diese Freiheit wohl wieder ein »Einpendeln« der religiösen Praxis.

Aus seiner Soldatenzeit in Frankreich ist ein Brief erhalten, in dem der Vierundzwanzigjährige am 30. August 1942 schrieb:

> »Heute war ein hoher Festtag für mich, ich bin überaus glücklich, obwohl ich nun schon Tage fast ohne Schlaf und unsagbar müde bin; glücklich bin ich, weil ich eine Messe gehört und kommuniziert habe; ach, niemals im Leben hätte ich gedacht, dass mir eine Messe so kostbar werden könnte.«

Was Bölls Empfinden uns sagen kann: Katholisch zu sein, das ist viel mehr als eine Konfessionszugehörigkeit. Das ist eine Lebenseinstellung; das ist die Kunst, Leben, Glauben und Kultur miteinander in Einklang zu bringen. Ich nenne das, was Böll da bei der Messe erlebt hat, die »Fronleichnamsemotion« – die Erinnerung an eine religiöse Erfahrung, die einen Menschen seiner Verwurzelung versichert und dadurch Halt gibt.

Ich selbst erlebe das alljährlich an Fronleichnam. Die Prozession zieht durch den geschmückten Ort. Andachtsbilder, Blumen und Kerzen zieren die Altäre an den Straßen und Plätzen. Kirche mitten in der Welt – Gott mitten in der Welt. Wir singen und beten und werden mit der Eucharistie in der Monstranz gesegnet. Am Ende führt der Zug in die Kirche, die Glocken läuten, die Orgel braust, alle schmettern »Großer Gott, wir loben dich«. Dann weiß ich wieder, allen Widerständen, Bedenken und Zweifeln zum Trotz: Ich bin katholisch!

So geht es vielen Schwestern und Brüdern in meiner Kirche. Und weil wir wissen, dass *wir* in der richtigen Kirche zu Hause sind, können wir selbstironisch mit ihr umgehen. (So gibt es ja viel mehr katholische Witze als evangelische.) Man

muss beispielsweise die Ansichten des walisischen Vikars-sohns John Cowper Powys (1872-1963) nicht empört zurückweisen. In seinem Werk »Kultur als Lebenskunst«, 1929 in England erschienen, bedauert der ironische Skeptiker und überzeugte Agnostiker, ein kulturinteressierter Mensch könne aus der »modernistischen« protestantisch geprägten Religion für seinen eigenen Bedarf nur wenig herausziehen. Der Katholizismus hingegen bringe eine ehrerbietige und sanfte Feinfühligkeit hervor,

> »und die wichtigste und vielleicht schönste Frucht dieses Aberglaubens ist eine gelungene Mischung aus Verantwortungslosigkeit und argloser kindischer Leichtgläubigkeit. Viele feine Schattierungen für die Kultur des Ich kann man aus diesen beiden Dingen gewinnen, aus der seelischen Leichtigkeit und aus dem romantischen Bewusstsein von der magischen Seite der Wirklichkeit.«

Nicht jedem wird diese Schmeichelei gefallen, aber völlig unrecht hat der Mann nicht. Wir Katholiken stehen zu unseren Gefühlen, wir sprechen die Sinne an. Wir ruhen in unverkrampfter Loyalität zur Hierarchie. Und wir haben Spaß an dieser Art zu glauben, lustvoll und »de luxe« katholisch zu sein.

Die katholische Kirche wird nicht nur in Deutschland in den kommenden Jahren ihr Gesicht verändern. Langsam zwar, und meist nur reagierend auf die Strömungen der Zeit, wie es ihr eigen ist. Doch Geduld und Ausdauer werden diese Kirche, die es versteht, Bewältigungsstrategien zu anthropologischen Konstanten anzubieten, wie Fragen nach Sinn, Schuld, Hingabewillen, wohl auch dann noch existieren lassen, wenn kaum noch jemand weiß, was sich hinter dem Begriff »Protestantismus« einst verborgen hat.

Wurzel, Stamm und Krone

Wir Katholiken sind überzeugt: Die Bischöfe sind die recht-mäßigen Nachfolger der Apostel – auch wenn sie das manchmal nur *recht mäßig* sein sollten … Die apostolische Sukzession gehört zum Selbstverständnis des Katholizismus. Wir sind die Kirche, deren Wurzeln in die Urkirche hineinragen. Wir sind der Stamm, aus dem allerlei Zweige anderer Kirchen und christlicher Gemeinschaften entsprossen sind. Wir sind die Krone des Baumes, in dem er sich zu seiner ganzen Fülle und Pracht, zu Blüte und Frucht entfaltet. Wir sind, mit einem Wort, das Original.

Wenn Paulus im Brief an die Gemeinde in Ephesus schreibt (2, 20): »Ihr seid auf das Fundament der Apostel und Propheten gebaut; der Schlussstein ist Christus Jesus selbst« – dann beziehen wir das auf uns. Wir gründen uns auf die Schrift und die Tradition. In der Heiligen Schrift hat Gott zu den Menschen gesprochen, Gottes Wort im Wort der Menschen. Doch die Bibel muss auch ausgelegt werden. Dafür haben wir eine Theologie, die breiten Spielraum für die Interpretation durch den Einzelnen lässt. In wichtigen Fragen werden Deutungen festgelegt. Diese Aufgabe leisten der Papst und die Konzilien, auf denen Bischöfe (in apostolischer Sukzession als Nachfolger der Apostel) Entscheidungen treffen.

Die Tradition stellt sicher, dass wir in Ehren halten, was vor uns geglaubt wurde. Wir fangen ja nicht bei null an, sondern bauen auf Wissen und Erfahrungen auf. Tradition aber ist etwas Flexibles, Dynamisches, niemals »Fertiges«. Deswegen kann sich die Kirche immer verändern und erneuern. Es gibt bedeutende Entwicklungen, aber keine Brüche. Die Kirche von heute unterscheidet sich von der Kirche vor hundert oder gar tausend Jahren. Und sie ist doch die gleiche Kirche, nur reifer geworden.

Der Katholizismus schließt ungern aus, er vereinnahmt lieber. (Und selbst die Vorstellung eines Fegefeuers speist sich aus dem Wunsch, auch schuldbeladene Sünder nicht verlo-

ren zu geben.) Die katholische Kirche setzt nicht auf Revolution, sondern auf Evolution. Sie ist davon überzeugt, immer besser verstehen zu können, was die Offenbarung Gottes den Menschen sagen möchte. Das kann sie so kühn sehen, weil sie sich auf die Gründung durch Jesus Christus höchstpersönlich beruft. Der Herr selbst hat die Kirche ins Leben gerufen. Er erhält und begleitet sie durch Zeit und Ewigkeit. Dieses Verständnis verleiht den Amtsträgern und Mitgliedern der katholischen Kirche oft genug ein Selbstbewusstsein, das Protestanten als hochmütig empfinden mögen. Katholiken sind eben präsent, nicht demütig und bescheiden im Hintergrund, sondern wahrnehmbar. Sie legen Zeugnis von ihrem Glauben ab, auch in aller Öffentlichkeit.

Der Protestantismus gibt sich gern intellektuell und modern. Dagegen wirkt der Katholizismus unangepasst, zurückgeblieben, hemdsärmelig. Der evangelische Pfarrer tritt als Gelehrter auf, der katholische Priester will Seelsorger sein. Die katholische Kirche praktiziert Volksnähe, indem sie ein unverkrampftes Verhältnis zum Brauchtum hat. Fahnen tragen, Kerzchen anzünden, opfern, pilgern, Novenen beten, Weihwasser sprengen, Krippen aufstellen, Devotionalien nutzen – wer ganz auf Gottes Gnade vertraut, braucht das alles vielleicht gar nicht. Aber es schadet doch auch nicht. Also gönnen wir uns die Zeichen, die anders anzusprechen vermögen als bloße Worte.

Dass bei Wallfahrten auch gezecht, im Kloster auch gesündigt, in der Predigt schon mal Unsinn verzapft und selbst beim Weltjugendtag der sinnlichen Lust gefrönt wird, vermindert doch nicht das gute Anliegen, sich Gott öffnen zu wollen. Das alles ist eben menschlich, und das Menschliche hat in der katholischen Kirche seinen Platz. Sünder und Heilige rücken zusammen. Auch die Kirche selbst ist nach katholischem Verständnis ein Sakrament – ein wirksames Zeichen der Gegenwart Gottes.

Messe für Geist, Leib und Seele

Ich nehme Weihwasser, wenn ich die Kirche betrete, mache das Kreuzzeichen und beuge das Knie vor dem Tabernakel. Schon bevor der Gottesdienst beginnt, stimme ich mich durch zeichenhafte Handlungen auf die Begegnung mit Gott ein. Ein Glockenzeichen markiert den Beginn, Einzug der Liturgen mit Orgelmusik, dazu Weihrauchschwaden. Der Klerus küsst den Altar. Kreuzzeichen, beim Schuldbekenntnis an die Brust klopfen. Später werden das Evangelienbuch, noch später Hostie und Kelch emporgehalten. Die katholische Liturgie ist keine Sache allein für den Kopf. Sie will nicht belehren, sondern zelebrieren, feiern. Sie spricht alle Sinne an. Es gibt etwas zu sehen, zu hören, zu schmecken, zu riechen, zu fühlen. Sie wendet sich an den ganzen Menschen, der aus Geist, Seele und Körper besteht.

Die Liturgie ermöglicht uns die Erfahrung einer heiligen Welt inmitten unserer unheilen Welt. Die Liturgie holt die Vergangenheit in die Gegenwart herein. Sie erinnert nicht nur daran, was Gott für uns getan hat, sie vergegenwärtigt es. Im Wort der Heiligen Schrift und in den Sakramenten kommt Gott in unser Leben. Wir feiern: Gott ist unter uns! Deswegen bemühen wir uns um eine schöne Gestaltung der Gottesdienste. Deswegen sind die liturgischen Gegenstände wertvoll und kostbar gearbeitet.

Alle Gläubigen sind an der Liturgie beteiligt: Bischof, Priester und Diakone, Pastoral- und Gemeindereferentinnen und -referenten, Lektorinnen und Kommunionhelfer, Vorbeterinnen und Ministranten, der Kirchenchor – die ganze mitfeiernde Gemeinde. Alle tragen ihren Teil dazu bei, dass in der Liturgie Gott lebendig spürbar werden kann. Gott lässt sich nicht zwingen. Aber er hat versprochen: Wo im Namen Jesu zwei oder drei zusammenkommen, da ist er mitten unter ihnen (Mt 18, 20). Liturgie – das ist Gottes Angebot, sich erfahren zu lassen, das ist der Dienst Gottes an uns! Die Liturgie bedient sich zahlreicher Symbole. Symbole sind

Zeichen, die etwas verdeutlichen wollen, was man eigentlich nicht sehen kann oder was nur schwer mit Worten auszudrücken ist. In der Liturgie erzählen uns die Symbole von der Zuneigung Gottes. Die Kirche schöpft dabei aus einer Fülle von Möglichkeiten: die Farben der Gewänder, der Gesang, Tanz und Schweigen. Einfache Dinge wie Licht, Wasser, Brot, Wein, Öl werden in einen neuen Zusammenhang gestellt und mit religiöser Deutung ausgestattet. Es wird etwas gezeigt und anderes verborgen gehalten. Im Gottesdienst wird alles zum Zeichen, auch Körperhaltungen und Gesten. Der ganze Mensch, Leib und Seele, Innen und Außen sind in die Liturgie einbezogen – ob er geht, steht, sich verbeugt oder verneigt, sitzt oder kniet oder das Kreuzzeichen macht.

Es gibt viele verschiedene Gottesdienstformen, von der Rosenkranzandacht bis zur Beerdigungsliturgie. Die häufigste Form ist jedoch gleichzeitig die älteste: die Feier der Eucharistie, die Messe. Bereits die Christen der ersten Generationen lasen bei ihren Zusammenkünften in den Heiligen Schriften, beteten und sangen Lieder. Sie sprachen über Brot und Wein den Segen und teilten die Gaben zum gemeinsamen Mahl aus, wie es ihnen Jesus aufgetragen hatte, zu seinem Gedächtnis. Schon die ersten Christen kamen regelmäßig am Sonntag zusammen, um gemeinsam über ihren Glauben zu sprechen und sich gegenseitig im Vertrauen auf Gott zu stärken. Vor allem dankten sie Gott: für ihr Leben, für den Glauben, für die ganze Schöpfung, für seine Liebe, die sich in Jesus Christus zeigt. »Eucharistie« ist ein griechisches Wort, abgeleitet vom Griechischen »eucharistein«, zu Deutsch: Dank sagen.

Unser deutsches Wort »Messe« kommt aus der lateinischen Sprache und bedeutet etwa »Entlassung« oder »Sendung«. »Geht, ihr seid entlassen« hieß es früher vor der Gabenbereitung für alle, die nicht zur Gemeinschaft der Christen gehörten: die Ungetauften oder die schweren Sünder. Sie durften während der Eucharistiefeier nicht in der Kirche sein

und nicht an der Kommunion teilnehmen. Den Begriff der »Sendung« verstehen wir heute als Aufruf an alle Christen, in die Welt hinauszugehen und den Menschen die Frohe Botschaft der Liebe Gottes weiterzusagen.

Bereits in der jungen Kirche bildete sich für die Treffen der Christen eine feste Form heraus. Die Feiern wurden immer nach dem gleichen Ablauf gestaltet, und es wurden stets die gleichen Gebete gesprochen. Nach und nach entstand das, was wir heute als Messliturgie kennen. Die »Feier der Gemeindemesse«, wie sie durch das Messbuch für alle katholischen Messen auf der Welt vorgesehen ist, geht in ihren Grundzügen auf die erste Generation der Christen zurück.

Die Messe ist ein Thema in vielen Variationen, sie kann nämlich sehr verschieden ausgestaltet werden: als schlichte Werktagsmesse oder als feierliches Hochamt an hohen Feiertagen. Ihre Grundform ist jedoch immer gleich. Der Ablauf der Messe folgt einem Spannungsbogen; sie ist ja keine wahllose Aneinanderreihung frommer Texte, sondern ein heiliges Spiel, das uns das Leben Jesu Christi erzählt. Eine unendliche Geschichte, die das Alte immer wieder neu erlebbar macht. Dabei wird die Botschaft nicht einfach vorgelesen, sondern dramatisiert: In der Messe am Gründonnerstag zum Beispiel wäscht der Priester zwölf Gliedern der Gemeinde die Füße. Am Karfreitag verdichtet das Ritual das Erlebnis von Jesu Tod. In der Osternacht ermöglicht die Liturgie die Feier seiner Auferstehung.

Überall auf der Welt kommen Katholiken dem Wort des Herrn nach: »Wo zwei oder drei in meinem Namen versammelt sind, da bin ich mitten unter ihnen.« So versammeln sie sich zum Gottesdienst in der Glut der Äquatorsonne und im ewigen Eis, in Dörfern und Metropolen, in Kathedralen und Blechhütten, in Wohnzimmern, in der freien Natur, in Sportstadien und Kirchen – zu zweit, zu dritt, zu Tausenden, heimlich oder öffentlich!

Überall auf dem Erdenrund wird der Gottesdienst unterschiedlich ausgestaltet, da man sich um »Inkulturation« be-

müht, also eine Anpassung an die verschiedenen Länder und Kulturen. Doch die Liturgie als solche ist überall eine gemeinsame: die gleichen Gebete, die gleichen Lesungen aus der Heiligen Schrift, die gleichen Riten. Diese weltumspannende Form der heiligen Messe ermöglicht wunderbare Erfahrungen. Ich reise nach Akureyri auf Island – und feiere dort die Messe, wie ich sie aus meiner Pfarrkirche in Hangelar kenne. Ich war im katholischen Gottesdienst in Kairo, Sacramento, Edinburgh, im litauischen Klaipėda, im chilenischen Punta Arenas und an vielen anderen Orten – und fühlte mich dort sofort zu Hause! Auch wenn man in der Messe die jeweilige Landessprache spricht und nicht mehr Latein, wie bis zum Zweiten Vatikanischen Konzil, so weiß ich doch sofort, an welcher Stelle der Liturgie wir jeweils sind. Wenn die Ministranten mit Kerzen neben dem Diakon oder Priester stehen, wird das Evangelium verkündet. Wenn der Priester Hostie und Kelch emporhält, wird die Wandlung vollzogen. Und wenn ich die Kommunion empfange, dann spüre ich, was sie alles umfasst: Kommunion – Gemeinschaft mit Christus, aber auch mit den anderen Gottesdienstteilnehmern, ja, mit allen Katholiken auf der Welt erlebe ich Gemeinschaft!

Unser aller Papst

Bisher wurden in den Nachrichten des deutschen Fernsehens katholische Würdenträger eindeutig gegenüber den evangelischen Kollegen bevorzugt: Ein katholischer Bischof im prächtigen Ornat macht einfach mehr her und gibt ein bunteres Bild ab als ein evangelischer Präses im grauen Anzug. Also kamen, statistisch nachweisbar, katholische Bischöfe eher in einem Filmbeitrag vor, evangelische eher in einer gesprochenen Nachricht. Da aber bliesen die Protestanten zum medialen Gegenangriff und wählten Margot Käßmann zur Ratsvorsitzenden der EKD. Zugegeben, sie macht eine

gute Figur. Die Frau tritt authentisch, charmant und selbstbewusst auf, wirkt zugewandt, anteilnehmend, interessiert; sie redet eloquent und doch vernünftig. Beneidenswert. Allein der Papst vermag sie zu toppen. Immerhin.

Was der Papst auch tut oder lässt, die Welt bekommt es mit: ob er seine Meinung zum Lauf der Welt kundtut, bedeutende Besucher empfängt, ins Ausland reist oder sich die Hand bricht – die Medien informieren den Globus. So sieht man auf der ganzen Erde manchmal geradezu verwirrende Bilder. Da versammeln sich beispielsweise bei einem Weltjugendtag irgendwo Hunderttausende junger Menschen, die im Hier und Heute zu Hause sind. Sie sind Kinder der Gegenwart, was Demokratieverständnis und Moralvorstellungen, Kommunikationstechniken und Musikgeschmack angeht. Wenn dann aber der Papst auftritt wie der Repräsentant eines anderen Universums, dann jubeln sie, als erschiene einer ihrer Popstars. Der alte Herr im weißen Gewand muss nicht viel mehr tun als freundlich lächeln und winken. Er ist ein absoluter Medienliebling und weiß professionell mit der Macht der Bilder, Worte und Zeichen umzugehen.

Der Papst zählt zu den wundersamen Institutionen der katholischen Welt. Es ist keineswegs so, dass wir Katholiken sofort auf die Knie fallen, wenn er sich räuspert. Dass man ihn kritisiert, gehört vielmehr zum guten Ton aufgeklärter Katholiken. Und doch ist der Papst der Identitätsstifter des Katholischen schlechthin. Wir wissen nämlich zwischen dem konkreten Amtsinhaber und dem Amt an sich zu unterscheiden. Christus selbst hat zu Simon gesagt: »Du bist Petrus, und auf diesen Felsen will ich meine Kirche bauen, und ich werde dir die Schlüssel des Himmels geben.« Der Felsen hat Bestand, allen Stürmen zum Trotz, auch wenn es immer mal wieder Männer gegeben hat, die dieses Amtes unwürdig waren. Da machen wir uns nichts vor.

In der Stellung des Papstes wird allerdings deutlich, dass die Kirche auf dem Erdenrund eine gemeinsame ist, was sinnbildlich erfahrbar wird, wenn er den Segen »urbi et orbi«

spendet. Wo auch immer Katholiken leben, sie haben einen, der sie alle miteinander verbindet.

Der Papst ist geistliche und moralische Autorität. Und das nicht nur für Katholiken. Wer sonst könnte auf der Welt Appelle zu Toleranz und Frieden abgeben? Vielleicht der Generalsekretär der Vereinten Nationen, aber dieser Organisation mangelt es am Vertrauen, das die katholische Kirche mit dem Papst an der Spitze genießt. Auf jeden Fall schaut man mehr auf den Papst als auf einen Staatsmann – dabei ist er ja selbst einer. Es war ein kluger Schachzug, dass die Kirche sich 1929 vom italienischen Staat in den Lateranverträgen die völkerrechtliche Souveränität des Vatikans anerkennen ließ. So kann nämlich der Papst international als Staatsoberhaupt auftreten, nicht nur als Leiter einer Glaubensgemeinschaft, wenngleich sein Herrschaftsgebiet kaum einen halben Quadratkilometer misst. Doch das Volk, dem er vorsitzt, lebt nicht im Vatikan, sondern über die ganze Erde verteilt.

Der Papst, das ist einer, der sagt, wo es langgeht. Er wird auch von jenen geschätzt, die zwar den Weg nicht gehen, den er weist. Sie finden es aber gut, dass überhaupt noch einer sagt, was wir glauben und wie wir leben sollen. Wie aber konnte der Bischof von Rom diese einzigartige Stellung erreichen?

In den frühen Zeiten des Christentums, als sich das, was wir heute unter »Kirche« verstehen, erst entwickelte, war der Papst einfach nur der Bischof von Rom. Der junge christliche Glaube besaß noch andere Zentren rings um das Mittelmeer. Erst mit der Zeit billigte man dem römischen Bischof den Status des »Ersten unter Gleichen« zu, weil der Tradition nach in seiner Stadt Petrus und Paulus den Märtyrertod gefunden hatten. Aus vielerlei Gründen konnte Rom seine Vormachtstellung ausbauen und zur Hauptstadt des Glaubens avancieren. Das lag auch am römischen Organisationstalent; die hierarchischen Strukturen des klassischen römischen Staates finden sich bis heute im Katholizismus.

Im 8. Jahrhundert begann der Papst auch weltlichen Einfluss

auszuüben, krönte Kaiser und Könige. Die Kirche schuf sich einen eigenen Staat, der sich über große Teile Italiens ausdehnte. Das brachte ihr erheblichen Reichtum ein, der wiederum Rom zugute kam. Prächtige Gotteshäuser wurden gebaut und die besten Künstler ihrer Zeit engagiert, um sie auszustatten. Wie weit der weltliche Einfluss in die Neuzeit hineinreicht, darüber streiten die Gelehrten. Dass aber Johannes Paul II. maßgeblich zum Zusammenbruch der kommunistischen Diktaturen beigetragen hat, dürfte unstrittig sein. Seine politische Bedeutung zeigte sich nicht zuletzt durch das Attentat, das 1981 während einer Audienz auf dem Petersplatz auf ihn verübt wurde. Dahinter vermutete man den bulgarischen Geheimdienst.

Dennoch sehen auch wir die weltliche Macht des Papstes realistisch. Schon Stalin fragte in Jalta, als er Polen dem eigenen Machtbereich einverleibte, sarkastisch: »Wie viele Divisionen hat denn der Papst?«

Das Papsttum machte in seiner Geschichte etliche Krisen durch. Des Öfteren gab es mehrere Päpste gleichzeitig; von 1309 bis 1377 mussten die Päpste in Avignon residieren; zurück im Vatikan, stritten sie, wer rechtmäßiger Amtsinhaber sei. Luxus, Prunk und Genuss wurden ihnen wichtiger als der Glaube. Reformversuche führten zu Glaubenskriegen und zur Spaltung in die römisch-katholische und die protestantische Kirche.

Eine grundlegende Reform des Katholizismus leitete Papst Johannes XXIII. mit der Einberufung des Zweiten Vatikanischen Konzils 1962 ein. Als prägende Gestalt der jüngsten Papstgeschichte wirkte Karol Wojtyla. Der Papst aus Polen führte den Katholizismus über 26 Jahre lang, von 1978 bis 2005. Mit Spannung erwartete man nach seinem Tod im April 2005, wer ihm nachfolgen würde. Nach rund 480 Jahren bestieg erstmals wieder ein Deutscher den Stuhl Petri: Joseph Kardinal Ratzinger. Er gab sich den Namen Benedikt XVI. In seiner Heimat Deutschland registrierte man das Wahlergebnis zunächst zurückhaltend. Hier galt Ratzinger

als konservativer »Hardliner« gegen den »Zeitgeist«. Allein die BILD-Zeitung titelte mit unverhohlenem Stolz: Wir sind Papst!

Seine Karriere begann Joseph Ratzinger als durchaus fortschrittlich orientierter Theologieprofessor in Freising, gefolgt von Professuren in Bonn, Münster, Tübingen und Regensburg. 1977 ernannte ihn Papst Paul VI. zum Erzbischof von München; vier Jahre später holte ihn Papst Johannes Paul II. nach Rom und berief ihn ins Amt des Präfekten der Glaubenskongregation, der ehemaligen Inquisition. Als oberster Wächter der Lehre gab Ratzinger den »Katechismus der Katholischen Kirche« heraus, ein weltweit gültiges Glaubenskompendium.

Ratzinger schlägt als Papst mildere Töne an als der ehemalige Kardinal. Er bewegt die Gläubigen mit seiner bescheidenen Art. Natürlich lässt er auch Dinge verlauten, die manchen nicht gefallen. In der Regel regen sich dann die Protestanten mehr auf als die Katholiken. Ganz gleichgültig übrigens, wer Ratzinger nachfolgen wird, ob ein Afrikaner, Vietnamese oder Brasilianer, ein Liberaler oder ein Rückwärtsgewandter: Wir werden auch den nächsten Papst kritisieren und lieben. Nach katholischem Prinzip nehmen wir alles demütig zur Kenntnis, was aus Rom kommt. Aber Rom ist weit weg, und großzügig, wie wir sind, lassen wir auch schon mal den Papst einen guten Mann sein …

Übrigens: Der Papst verdient keinen Euro und leistet für einen Mann seines Alters ein unglaubliches Arbeitspensum. Und man sollte nicht vergessen: Er ist kein kalter Demagoge, der Spaß am Herrschen hat. Wir glauben und bekennen: Gott selbst hat ihn berufen, damit er den katholischen Glauben im Einklang mit der Tradition der Kirche bewahrt und weiterentwickelt. Von der seinem Amt zugesprochenen »Unfehlbarkeit« hat er noch nie Gebrauch gemacht.

Wir Katholiken brauchen den Papst. Und die anderen Christen brauchen ihn auch! Und sei es nur, um sich durch ihn abgrenzen zu können. So dient er auch den Nichtkatholiken

zur Identitätsfindung. Eines Tages aber, da bin ich mir sicher, werden ihm alle Christen das Ehrenprimat zubilligen. Denn schließlich führen alle Wege nach Rom …

Die Zentrale – der Vatikan

Israel, das Heilige Land, ist ein Pilgerziel aller Christen. Sports- und Comedy-Freunde zieht es nach Santiago de Compostela. Doch den Katholiken drängt es nach Rom. Denn dort erfährt er seine Kirche in all ihrer Fülle und Pracht, in ihrer Universalität, wenn Katholiken aus aller Welt auf dem Petersplatz singen und beten, dem Papst lauschen, kurz: ihren Glauben feiern.

Die römisch-katholische Kirche ist die größte religiöse Bewegung in der Geschichte der Menschheit. Kein Wunder, dass die »Zentrale« einer solchen Institution, die sich auf ihre göttliche Gründung beruft, kein profanes Verwaltungsgebäude ist. Der Vatikan, ein souveräner Staat, umfasst 0,44 km² Fläche und zählt kaum 1000 Staatsbürger. Auch seine Regierungsform ist ungewöhnlich: Er ist eine absolute Wahlmonarchie mit dem Papst als Staatsoberhaupt und dem Lateinischen als Landessprache.

Mit dem ersten Papst nahm dieser Ort seinen geschichtsträchtigen Anfang: Der Apostel Petrus wurde zwischen 64 und 67 wie sein Herr am Kreuz hingerichtet. Dies geschah nach der Überlieferung im Circus des Nero, der beim vatikanischen Hügel lag. Die Kreuzigung galt als besonders schmerzhafte und entwürdigende Form der Hinrichtung, mit der nur jene bestraft wurden, die kein römisches Bürgerrecht besaßen.

Schon im 2. Jahrhundert wurde über dem Grab Petri eine kleine Kapelle errichtet. Nachdem das Christentum im 4. Jahrhundert ausreichend politischen Einfluss erlangt hatte, ließ Kaiser Konstantin an diesem Ort eine große Basilika errichten. Sie war bereits fünfschiffig, mit Mosaiken und Fresken

ausgestattet. Über tausend Jahre lang bestand sie, doch dann war das Gotteshaus so heruntergekommen, dass Renovierungen nicht mehr genügten. Eine neue Kirche wurde an der gleichen Stelle geplant, die neue Peterskirche. Es sollte ein Bau der Superlative werden, größer und schöner als alles je Dagewesene.

Mit dem Bau der neuen Peterskirche wurde Anfang des 16. Jahrhunderts begonnen. Bis sie ihre heutige Form hatte, vergingen rund 120 Jahre. Die vielen Päpste, die während dieser Zeit regierten, hatten es im Allgemeinen nicht eilig mit der Fertigstellung. Zum einen residierten sie anderswo, nämlich im Lateran, zum anderen verschlang der Bau so viel Geld, dass selbst der Vatikan in Schwierigkeiten kam. Zur Finanzierung führte man den Ablasshandel ein, der später – traurig, aber wahr – ein wichtiges Thema der Reformation wurde.

»Roma senza Papa«, nannte der Schriftsteller Guido Morselli seinen 1966 verfassten Roman über die Zukunft der römisch-katholischen Kirche, »Rom ohne Papst«. Das war damals so schwer vorstellbar wie heute. Das Konterfei des Pontifex lächelt in Rom von Abertausenden Postkarten, von Plakaten, Büchern, Souvenirs und sogar Lutschern. Rom lebt vom Papst, denn ohne die Pilger, die dank politischer Grenzöffnungen und preiswerter Flugtickets aus allen Kontinenten anreisen, würde der italienischen Hauptstadt eine Säule ihrer Wirtschaft fehlen.

Aber besser ist es allemal, den echten Papst zu erleben. Die Pilger können ihn mittwochs am Vormittag auf dem Petersplatz oder in der Audienzhalle sehen; außerdem zeigt er sich an Sonntagen zum Angelusgebet am Fenster seines Arbeitszimmers. Wenn er erscheint, erschallt Applaus. Auch der distanzierte Beobachter kann sich der Spannung kaum entziehen. Man freut sich, ihn »live« zu sehen, den »Papa«, den gütigen Vater der Kirche. Die Masse der vielen Menschen aus aller Welt verschmilzt eine Zeitlang zur gefühlten Einheit der Kirche. Wie sehr Rom und Papst zusammengehören,

drückt das Sprichwort aus, das zitiert wird, wenn jemand eine Gelegenheit verpasst hat: »In Rom gewesen und den Papst nicht gesehen!«

Bekenntnisfreude, Lebensfreude

Der ehemalige SPD-Vorsitzende Franz Müntefering wurde einmal in einer Nachrichtensendung von der Moderatorin gefragt, ob denn seine gerade gemachten Ausführungen glaubwürdig seien. Müntefering antwortete spontan und ohne mit der Wimper zu zucken: »Ich bin katholisch. Die lügen nicht.«

Welcher Politiker protestantischer Konfession würde seine Kirchenzugehörigkeit ins Feld führen, wenn man seine Aufrichtigkeit in Zweifel zieht? Müntefering prahlt geradezu mit seinem Katholischsein, verknüpft das mit einer unbeweisbaren Behauptung (»Die lügen nicht«) und tritt dabei so souverän auf, dass man ihm nicht widersprechen kann. Gut katholisch pariert!

Katholiken suchen nicht gerade den Kampf, denn sie neigen zur Gemütlichkeit (das Durchschnittsgewicht katholischer Amtsträger liegt gravierend über dem der evangelischen Kollegen). Aber sie weichen auch Konflikten nicht aus. Sie bekennen gern, katholisch zu sein, gefragt und ungefragt. Bei interkonfessionellen oder auch interreligiösen Debatten beugen sie sich nicht dem Harmoniezwang, sondern bestehen auf ihrer Sicht der Dinge. Das ist nicht als Prinzipienreiterei zu verstehen, sondern Ausdruck ihrer Treue zur Kirche. Außerdem kann man ja die offizielle Lehre hochhalten – und dennoch im realen Leben gewisse Anpassungen an die Wirklichkeit vornehmen …

Katholiken zelebrieren ihren Glauben und das Leben selbst. Sie feiern gern und oft, pflegen eine gute Küche, und in südlichen Ländern gleichen selbst manche Karfreitagsprozessionen ausgelassenen Festen. Schon als Kind habe ich bei

Singnachmittagen im Pfarrheim, zu denen mich meine Mutter mitschleppte, das Lied zur Melodie von »God save the Queen« gelernt: »Trinkfest und arbeitsscheu, aber der Kirche treu, bis zur Pension.«

Katholiken sind sinnlich und viel weniger kontrolliert als Protestanten. Sollte man den Freuden zu sehr zugeneigt sein und die Grenze zur Sünde überschritten haben, so kann man ja immer noch beichten gehen. Zwar wird das Bußsakrament in der Realität kaum noch in Anspruch genommen, aber im schlimmsten Fall stünde es ja zur Verfügung!

Katholiken verbindet eine leidenschaftliche Beziehung zu ihrer Kirche. Einige leiden an ihr, manche hassen sie sogar, aber diese Abneigung der Institution gegenüber verbindet sie auch wieder mit ihr. Wieder andere geben sich genüsslich in barocker Nonchalance ihrer Liebe zur Kirche hin und schreiben sogar Bücher darüber, wie Andreas Martin: »Alle guten Gründe, katholisch zu sein«, Michael Graff: »Katholisch, und trotzdem gut drauf«, oder Peter Modler: »Die wunderbare Welt der Katholiken«.

Wer liest so etwas? Vielleicht jene, die verunsichert sind ob ihres Hingezogenseins zur Kirche, obwohl sie doch aufgeklärte, intellektuelle und moderne Zeitgenossen sind.

Ein Buch von Elisabeth von Thurn und Taxis heißt: »Fromm! Eine Einladung, das Katholische wieder mit allen Sinnen zu erleben«. – Da könnte man nicht einfach das Wort »katholisch« durch »evangelisch« austauschen! Es geht eben nicht nur um eine theologische Auseinandersetzung; wem die Kirche nicht gleichgültig ist, der wird mit ihr ringen. Die katholische Kirche fasziniert, lässt einen nicht los. Kritisch geht Matthias Drobinski in seinem Werk vor: »Oh Gott, die Kirche. Versuch über das katholische Deutschland«. Schließlich sei noch auf das unterhaltsame und doch inhaltsreiche Buch von Thomas Holtbernd verwiesen, dessen Titel allein schon Programm ist: »Es ist schön, Christ zu sein … und noch viel schöner katholisch. Leben mit dem gewissen Etwas«. In dieser vor Selbstironie strotzenden katholischen Selbstdarstel-

lung findet man herrliche Zitate, die alles auf den Punkt
bringen, wie das des schweizerischen Lebenskünstlers Alfred
Selacher: »Wo der Katholik laut furzt, da klemmt der brave
Protestant. Der Atheist hat seine Blähungen!«

Allen voran Maria

Im litauischen Šilutė, vormals Heydekrug, kann man in der
evangelischen Kirche in der Ortsmitte ein einzigartiges Fres-
ko auf der Altarseite links und rechts der Apsis bestaunen:
Lauter Heilige sind dort dargestellt! Zum Beispiel biblische
Personen wie Adam, Noah, Mose, Johannes der Täufer und
Paulus. Aus der vorreformatorischen Zeit Augustinus, Benedikt, Bonifatius und Franz von Assisi. Dann die Helden der
Reformation, Luther, Zwingli und Melanchthon. Außerdem
Künstler wie Gerhardt, Cranach, Dürer, Rembrandt, Bach,
Händel und Claudius. Schließlich evangelische Theologen
und Seelsorger wie Graf Zinzendorf, Bodelschwingh, Wichern, Goßner, auch Kierkegaard, Blumhardt, Söderblom
und Luise Henriette von Oranien – insgesamt rund 80 Persönlichkeiten, in hübscher ökumenischer Gemeinschaft.
Zwar vermisst der Katholik einige typische katholische Heilige (etwa Barbara, Blasius, Joseph, Nikolaus), doch zeigt dieses Bild, dass im Protestantismus das Gedenken der Heiligen
nicht ganz verloren gegangen ist. Im Rheinland hörte ich
von einer evangelischen Kirchengemeinde, in der die Kin-
dergartenkinder nicht am Martinszug teilnehmen dürfen.
Begründung des Pfarrers: Evangelische Kinder laufen doch
nicht einem katholischen Heiligen hinterher. Es gab dann
immerhin noch einen »Laternenumzug« für die Kleinen …
Das sind typisch protestantische Berührungsängste.
Aber warum diese Furcht? Wenn jemand verletzt ist, sollen
seine Wunden heilen. Gott will für die Menschen gesundes,
zufriedenes, glückliches Leben, ohne Wunden an Leib und
Seele. Man kann das zusammenfassen in dem Wort »Heil«.

Vollkommenes Heil gibt es erst bei Gott selbst, denn er ist der Ursprung des Heils, er ist »heilig«. Das Wort »heilig« hat verschiedene Bedeutungen. Durch diese Eigenschaft Gottes wird alles geheiligt, was mit Gott in Verbindung steht: Orte, Zeiten, Gegenstände, vor allem aber Menschen.

Die katholische Heiligenverehrung bezeugt, was so auch in der Bibel steht: Alle Menschen, die sich von Gott anrühren lassen, sind Heilige – nicht nur einige wenige oder besonders auserwählte. Das Apostolische Glaubensbekenntnis spricht von »der Gemeinschaft der Heiligen« und meint damit die Gemeinschaft aller, die von Gott geliebt werden.

Einige haben sich durch außergewöhnliche Eigenschaften wie Ausdauer, Mut, Großzügigkeit, Verzicht, Frömmigkeit oder Leidensbereitschaft zu Vorbildern für alle Christen gemacht. Sie wurden nicht als Heilige geboren, sondern sind in der Regel über lange Jahre hinweg zu heiligen Persönlichkeiten gereift. Ihre Lebensbeschreibungen sind allerdings oft von Legenden überwuchert.

In der Messe des Hochfestes Allerheiligen wird in einem Gebet von den »Brüdern und Schwestern, die schon zur Vollendung gelangt sind« gesprochen. Dazu gehören neben den Heiligen des offiziellen Heiligenkalenders auch all jene, die – ohne heiliggesprochen worden zu sein – ein Leben aus dem Glauben gelebt haben. Für mich zählen dazu selbstverständlich auch evangelische Christen wie Johann Hinrich Wichern (der Begründer der Diakonie), Albert Schweitzer, Dietrich Bonhoeffer, Martin Luther King und Dorothee Sölle. Diesen wie allen anderen Heiligen gilt unsere Verehrung, nicht aber unsere Anbetung. Wir beten allein zu Gott, von dem alle Heiligkeit ausgeht und zu dem sie wieder hinführt.

Dem reformierten Schriftsteller und Professor für Kirchengeschichte Walter Nigg (1903–1988) ist es zu verdanken, dass im evangelischen Christentum das Gedächtnis der Heiligen nicht ganz erloschen ist. Er hat unter anderem ein Maßstäbe setzendes Buch über die Heiligen geschrieben, das die *Neue Zürcher Zeitung* einst kommentierte:

»Der Heilige ist zu allen Zeiten eine überkonfessio-
nelle Erscheinung gewesen. Es bedeutet eine Verar-
mung, wenn man ihm im Protestantismus kein Hei-
matrecht schenken will.«

Nigg wusste, dass sich eine unbekannte Welt auftut, wenn
man den Heiligen begegnet. Das unmittelbare Verhältnis
zum Göttlichen, die religiöse Tiefe ihrer Weisheit und das
hintergründige Seelenverständnis der Heiligen findet in der
Geistesgeschichte kaum eine Parallele. Das gilt natürlich in
besonderer Weise für Maria, die Mutter Jesu.
Während die Eva der Schöpfungserzählung als Sinnbild des
sündigen Menschen angesehen wurde, gilt Maria als deren
Gegenteil: als Mensch, der ganz nach dem Willen Gottes lebte. Was die Bibel über Maria schreibt, ist wenig. Zwar erwähnen alle Evangelien sie als Mutter Jesu, jedoch verschweigen
sie Einzelheiten ihres Lebens. Als Tochter des Volkes Israel
gehorchte sie dem jüdischen Gesetz; durch ihre Mutterschaft
war auch Jesus ein Jude.
Die Evangelien erzählen von Maria als Begleiterin des Le-
benswegs ihres Sohnes: Sie empfängt ihn durch den Heiligen Geist, reist als Schwangere zu ihrer Verwandten Elisabeth, sie gebiert das Kind, sie macht mit dem Zwölfjährigen
eine Wallfahrt nach Jerusalem. Was ihr erwachsener Sohn
redet und tut, versteht sie anscheinend nicht immer; sie wird
von ihm gar schroff zurückgewiesen (»Wer ist meine Mutter?«, fragt Jesus), vertraut ihm jedoch (bei der Hochzeit zu
Kana sagt sie: »Was er euch sagt, das tut«). Schließlich steht
sie unter dem Kreuz und empfängt am Ende zu Pfingsten im
Kreise der Apostel den Heiligen Geist.
Die Kirche hatte in ihrer Frühzeit die Frage zu klären, welche Bedeutung Maria für die Christen habe. Das Konzil von
Ephesus im Jahre 431 entschied: Wenn Maria den Sohn Gottes empfangen und geboren habe, dann dürfe sie auch den
Ehrentitel »Gottesmutter« tragen. Diese Entscheidung gab
der Marienverehrung mächtigen Auftrieb. Von Maria füh-

len sich die leidenden, nach Liebe sehnsüchtigen Menschen verstanden, vor allem die Frauen.

Für Maria gilt das Gleiche wie für alle Heiligen: Wir verehren sie, doch beten wir sie nicht an. Maria spielt im katholischen Glauben eine besondere Rolle. Sie ist ein Beispiel des vertrauenden, sich Gott öffnenden Menschen. Davon erzählen die ihr gewidmeten Feste im Kalender: das Hochfest der ohne Erbsünde empfangenen Jungfrau und Gottesmutter, das Hochfest der Gottesmutter Maria, der Marienmonat Mai, die Feste und Gedenktage Mariä Heimsuchung, Mariä Himmelfahrt, Maria Königin, Gedächtnis der Schmerzen Mariens und der Rosenkranzmonat Oktober.

Protestanten mögen den Rosenkranz als eine magisch-naive Frömmigkeitsform abtun. Auch unter den Katholiken hat sich die Zahl derjenigen verringert, die ihn beten. Doch wer sich auf das Rezitieren mittels der Kette einlässt, wird gute Erfahrungen der Meditation machen. Ich selbst habe das Rosenkranzbeten auf einer Wallfahrt nach Santiago wieder entdeckt. Am 4. Tag der Wanderung schmerzten meine wunden Füße derart, dass ich kaum noch klar denken oder sprechen konnte. So lief ich allein, abseits der Gruppe, der Rosenkranz glitt durch meine Hand. Und ich fand Frieden.

Bei Protestanten für katholische Marienverehrung werben zu wollen, scheint ein gewagtes Unterfangen zu sein. Dabei haben die feministischen Theologinnen durchaus einen neuen Zugang zu Maria gefunden. Es ist eine weniger kopforientierte Art, den Glauben zu entdecken, eher aus dem wirklichen Leben heraus: Maria, die Frau, als Spiegelbild der Frauen von heute.

Nun gibt es im katholischen Marienkosmos durchaus Dinge, die uns wahrscheinlich auch bei noch so offenem ökumenischem Dialog trennen werden. So soll die Gottesmutter Maria im Jahr 1858 dem vierzehnjährigen Hirtenmädchen Bernadette Soubirous bei einer Felsengrotte im südfranzösischen Lourdes siebzehn Mal erschienen sein. Die »schöne Dame« habe sich dem Mädchen als »Unbefleckte Empfäng-

nis« vorgestellt und dabei alle Menschen zu Gebet und Buße aufgefordert. Sie habe das Mädchen auch aufgefordert, an der Grotte zu graben; dort entsprang eine Quelle. Diese Quelle entwickelte sich rasch zu einem Wallfahrtsort, den noch heute jedes Jahr Millionen von Pilgern aufsuchen, um dort Trost und Heilung für körperliche und seelische Gebrechen zu finden.

Es ist ein Leichtes, das alles als Unsinn, Phantasterei und katholischen Hokuspokus abzutun. Auch ich fuhr als Jugendlicher einst voller Skepsis nach Lourdes. Wozu brauchen wir Maria, wenn wir doch Christus haben, dachte ich damals. Doch am Ort der Gnade verstummte mein Protest, angesichts des tiefen Vertrauens, der offenkundigen Sehnsucht der Pilger. Ist es meine Aufgabe, darüber zu richten, wie sich das göttliche Geheimnis auf Erden offenbaren will? Übrigens half mir dabei in erster Linie der Roman »Das Lied von Bernadette« des (jüdischen) Schriftstellers Franz Werfel.

Ob man nun den Erscheinungen in Lourdes und anderswo Glauben schenken mag oder sie als religiöse Hysterie ablehnt: Marienwallfahrtsstätten gehören zum Katholizismus. Man findet sie unter anderem auch in Polen (Tschenstochau) Mexiko (Guadelupe), Portugal (Fátima), Italien (Loreto), Schweiz (Einsiedeln), Österreich (Mariazell), Spanien (Montserrat), Großbritannien (Walsingham) und Belgien (Banneux). Allein in Deutschland existieren rund zehn Marienwallfahrtsorte, darunter Altötting, Kevelaer, Maria Vesperbild, Neviges und Werl.

Sei gegrüßt, o Königin, Mutter der Barmherzigkeit; unser Leben, unsere Wonne und unsere Hoffnung, sei gegrüßt!

Bei evangelischen Lesern mögen sich abwehrende Reflexe einstellen. Stehen Maria als Geschöpf Gottes solche Ehrenbezeigungen überhaupt zu? Aber wenn das Ganze auf Lateinisch von Mönchen gesungen wird, dann genießen es auch

Protestanten – als Live-Konzert oder von der CD abgespielt. Es wirkt ungemein beruhigend. Man spürt die verdichtete Spiritualität. Und dann kommt es auf das einzelne Wort nicht mehr an. Dann zählt nur noch die Wirkung, die Atmosphäre, die sich entfaltet.

Voilà, so langsam verstehen die Protestanten die katholische Art. – Schön, nicht?

Salve, Regina, mater misericordiae;
vita, dulcedo et spes nostra, salve.

Die Tante im Kloster

Heute würde die Motivation, aus Angst vor einem Gewitter ins Kloster zu gehen, nicht mehr genügen. Wer die Gelübde der Keuschheit, der Armut und des Gehorsams ablegt, drückt damit seinen ernsthaften Willen aus, Gott sein ganzes Leben zur Verfügung zu stellen. Wenn nun ein Mönch oder eine Nonne merkt, dass dieser Weg nicht der richtige für ihn, für sie ist – so möge dieser Mensch um seines eigenen Heiles willen das Kloster verlassen und unter Gottes Führung einen anderen Weg suchen, der besser zu ihm passt.

Luther hat seinen Stand gewechselt, das Gewand des Mönchs abgelegt und geheiratet. Die Ordensleute seiner Zeit bedachte er mit harscher Kritik – und wahrscheinlich wird sie in vielen Fällen gerechtfertigt gewesen sein. Es ist Luther hoch anzurechnen, dass er andere Ordensleute nicht zum Austritt aufforderte. Dennoch ist im Protestantismus durch die Reformation das Ordenswesen verschwunden – abgesehen von wenigen kleinen Neugründungen evangelischer Klostergemeinschaften im 20. Jahrhundert, die ein gewisses Nischendasein fristen.

Klöster sind eben keine typische evangelische Angelegenheit, und damit hat sich der Protestantismus selbst um Institutionen gebracht, die jahrhundertelang Zentren christlicher Kul-

tur waren. Aus der katholischen Kirche sind die Klöster nicht wegzudenken, und in gut katholischen Familien hat man mindestens eine Tante im Kloster. Bei mir war es die Großtante mütterlicherseits, Johanna Josefine, die als fromme und bescheidene Schwester in einem »tätigen« Orden in der Krankenpflege wirkte. Steckte man ihr ein Bonbon zu, aß sie es nicht gleich. Sie musste schließlich erst die Mutter Oberin um Erlaubnis bitten.

Die ersten Ordensgemeinschaften entstanden bereits im 5. Jahrhundert und gingen auf Zusammenschlüsse von Eremiten zurück, die ganz allein in der Einsamkeit des Waldes oder der Wüste lebten und dort versuchten, Gott nahe zu kommen. Zum »Vater des abendländischen Mönchtums« wurde Benedikt von Nursia (480–547). Sein Name heißt übersetzt: »der Gesegnete«. Auf ihn gehen viele Klostergründungen zurück; das berühmteste ist jenes auf dem Montecassino in Italien. Benedikt ging aus seiner Heimatstadt Nursia (heute Norcia in Umbrien) zum Studium nach Rom. Aber das Großstadtleben widerte ihn an. Er zog sich drei Jahre lang in eine Höhle bei Subiaco zurück, bevor er eine Mönchsgemeinschaft leitete und später Klöster gründete. 529 zog er in Montecassino ein, der »Mutter aller Klöster«. Hier schrieb er die »Regula Benedicti«, die grundlegende Regel des Benediktinerordens, die auf älteren Regeln und biblischen Anweisungen beruht. Kernaussage ist die Koppelung von Gebet und Arbeit, »ora et labora«. Im Geiste Benedikts leben bis heute Frauen und Männer auf der ganzen Welt.

Eine andere faszinierende Gestalt der Kirchengeschichte ist Franz von Assisi. Im Jahr 1206 steht er, 25-jährig, nackt auf dem Domplatz seiner Heimatstadt, wo der Bischof Gericht hält. Umringt von zahlreichen Schaulustigen, legt er seinem Vater Pietro Bernardone, der ihn enterben will, seine Kleider zu Füßen und auch das Geld, das er ihm genommen hat, um eine Kapelle zu restaurieren. Er sagt sich von seiner Familie und seiner Vergangenheit los und will fortan nur noch für Gott leben. Franz (1181/2–1226) zeigt mit seiner Geschichte,

zu welch dramatischer Umkehr und beeindruckendem Lebensstil ein Mensch fähig ist, wenn er sich von Gott berühren lässt. Weil seine Mutter Französin war, nannte man ihn schon als Kind »Francesco« – kleiner Franzose. Sein Vater war ein wohlhabender Tuchhändler, und so konnte sich Franz ein ausschweifendes Leben leisten. Die Begeisterung für das Ritterleben führte ihn 1202/03 in den Krieg mit der Nachbarstadt Perugia; dort wurde er allerdings ein Jahr lang gefangen gehalten. Bei seiner Heimkehr war er verändert. Nach seiner religiösen Wende lebte er fortan in radikaler Armut. Zunächst verbrachte er zwei Jahre als Einsiedler, dann schlossen sich ihm Gleichgesinnte an. 1209 entstand die »Gemeinschaft der Minderen Brüder« (Minoriten) und breitete sich rasch aus. Die Ordensmänner waren missionarisch aktiv und kamen 1219 sogar bis nach Ägypten. Das franziskanische Programm hat immer wieder Glaubende begeistert, dem Weg des Franziskus nachzufolgen.

Die sogenannten monastischen Orden wie Benediktiner, Zisterzienser, Trappisten, Kartäuser, Karmeliten oder Klarissen kümmern sich in erster Linie um Gebet, Liturgie und Betrachtung, betreiben außerdem Studien und verdienen im weiblichen Zweig Geld mit Hostienbacken und Paramentensticken. Einige dieser Orden haben in den Jahrhunderten vor der Erfindung des Buchdrucks in ihren Schreibwerkstätten geholfen, die Bibel und andere theologische Literatur zu verbreiten. Andere Orden (wie Dominikaner, Jesuiten und auch Franziskaner) sehen ihre Aufgaben vor allem in der Lehre und Erziehung. Einige Orden (etwa die Steyler) haben sich ganz auf die Mission spezialisiert.

Insgesamt gibt es viel mehr weibliche Ordensangehörige als männliche. Sie wirken als Lehrerinnen, in Krankenhäusern, Altenheimen, Suchthilfeeinrichtungen, in der Sorge um Nichtsesshafte und Drogenabhängige, in der Kindererziehung und der Jugendhilfe, als Missionarinnen, in der Wissenschaft oder als Anbetungsschwestern. Die Namen ihrer Gemeinschaften (über 300 allein in Deutschland) ste-

hen für tatkräftige Christinnen, sie zeugen vom Verlangen, diese Welt etwas verbessern zu wollen. Dafür setzen sich Birgittinnen, Cellitinnen, Dienerinnen des Heiligsten Herzens Jesu, Elisabethinerinnen, Hildegardisschwestern vom Katholischen Apostolat, Kleine Schwestern Jesu, Missionarinnen vom Kostbaren Blut, Pallottinerinnen, Sacré-Cœur-Schwestern, Schwestern der katholischen Heimatmission von Unserer Lieben Frau, Schwestern vom Guten Hirten, Ursulinen, Vinzentinerinnen und viele andere ein. Welch ein Verlust, wenn es diese Orden, wenn es diese Frauen und Männer nicht gäbe!

Der katholische Theologe Johann Baptist Metz hat einst in seinem Buch »Zeit der Orden?« die drei »evangelischen Räte« – Armut, Ehelosigkeit, Gehorsam – für unsere Zeit ausgelegt. Die Armut definiert er als »Protest gegen die Diktatur des Habens, des Besitzens und der reinen Selbstbehauptung«. Die Tugend der Armut führe in die »Solidarität mit jenen Armen, für die Armut gerade keine Tugend, sondern Lebenssituation und gesellschaftliche Zumutung ist«.

Die Ehelosigkeit sei Ausdruck der unstillbaren Sehnsucht nach dem »Tag des Herrn« und dränge zur Solidarität mit jenen Ehelosen, für die Ehelosigkeit – von Metz umfassend verstanden als Einsamkeit, als Isolation, etwa im Alter oder durch Krankheit und soziale Stigmatisierung – gerade keine Tugend ist, sondern ein hartes Lebensschicksal.

Im Gehorsam schließlich sieht Metz die erste und maßgebliche Nachfolgehaltung. Im Vordergrund stehe dabei nicht die radikale Verfügbarkeit »gegenüber Amtsträgern in der Kirche und innerhalb der Orden«, vielmehr »die radikale unkalkulierte Auslieferung des Lebens an Gott den Vater, der erhebt und befreit«. Eine solche Lebenshaltung aber dränge konkret in die Nähe derer, »für die Gehorsam gerade keine Tugend, sondern Zeichen der Unterdrückung, der Bevormundung und Entmündigung ist«.

Wie gut, dass meine Kirche den Zeugnischarakter der evangelischen Räte in Ehren hält und bis heute Menschen ermu-

tigt, durch ein Leben als Ordensmensch die Frohe Botschaft des Evangeliums auf radikale Weise zu verkünden.

Im Dialog mit den Religionen

27. Oktober 1986: In Assisi sind Vertreter ganz verschiedener Religionen zusammengekommen: Buddhisten, Hindus, Jainas, Muslime, Shintoisten, Sikhs, Angehörige afrikanischer und indianischer Stammesreligionen, Parsen, Juden und Christen unterschiedlicher Konfessionen. Sie sind einer Einladung von Papst Johannes Paul II. zum »Friedensgebet der Religionen« gefolgt. Allen ist ein Anliegen gemein: der Frieden.

Welch ein Meilenstein! Johannes Paul II. wird wohl als ein Pontifex Maximus in die Papstgeschichte eingehen, der nur schwer einzuordnen ist. Zwar kannte man ihn als Vertreter eines restriktiven und oft rückwärtsgewandten Kurses in der Kirchenpolitik. Doch dann überraschte er mit bahnbrechenden Gesten. Damit geriet Papst Johannes Paul II. 1986 sogar innerkirchlich ins Kreuzfeuer der Kritik. Manche Hardliner fürchteten eine Verwischung der religiösen Grenzen und eine Preisgabe des katholischen Absolutheitsanspruchs. Viele Religionsführer jedoch folgten dem Aufruf des Papstes und kamen aus allen Erdteilen in die umbrische Stadt Assisi. Zunächst beteten die Vertreter der Religionen getrennt, jeweils in einer Kirche für sich, dann versammelten sich alle auf dem Platz vor der Basilika.

Diesem Ereignis war ein anderes im April 1986 vorausgegangen. Als erster Papst in der Geschichte der katholischen Kirche überhaupt besuchte Johannes Paul II. die Synagoge der Stadt Rom. Der römische Bischof bedauerte dort die Schuld der Kirche gegenüber den Juden. Damit widmete er sich einem heiklen und unangenehmen Thema, denn die Kirche hat den Juden über die Jahrhunderte großes Leid zugefügt.

Bereits vor der Zeitenwende siedelten sich jüdische Händler im damaligen Stadtgebiet von Rom und im heutigen Stadtteil Trastevere an. Damit kann die römische als die älteste jüdische Gemeinde im europäischen Abendland angesehen werden. Die Juden besaßen das römische Bürgerrecht. Im Rahmen der späteren Christenverfolgungen wurden aber auch Juden getötet und ihrer Rechte beraubt.

Papst Paul IV. zwang sie 1555 in ein Ghetto – übrigens ein italienisches Wort. Dessen enge, verwinkelte Gassen waren von Mauern umgeben, deren Tore von Sonnenuntergang bis Sonnenaufgang verschlossen blieben. Erst 1848 öffnete Papst Pius IX. das Ghetto wieder. 1870 erhielten die Juden im vereinigten italienischen Königreich rechtliche Gleichstellung.

Italien war 1922 das erste Land Europas, in dem der Faschismus mit dem »Marsch auf Rom« die Macht übernahm. Bis 1938 gab es in Italien zwar keine Judenverfolgung, wohl aber antisemitische Ressentiments. 1938 lebten knapp 50 000 Juden in Italien, darunter fast 8000 Flüchtlinge, überwiegend aus Deutschland. Im Oktober 1938 wurden antijüdische Gesetze erlassen und die Juden aus dem öffentlichen Leben verbannt. Die systematische Repression und Deportation begann erst unter der deutschen Besatzung. Als 1943 deutsche Truppen Rom besetzten, trieb die Gestapo die römischen Juden zusammen. 2091 Menschen wurden deportiert, nur 15 kehrten nach Kriegsende zurück. Heute leben etwa 16 000 Juden in Rom. Ihr geistliches Zentrum ist die Synagoge auf der linken Tiberseite.

Seit dem Amtsantritt von Papst Johannes XXIII. hat die katholische Kirche in mehreren Dokumenten und symbolischen Handlungen ihre frühere Haltung des Antijudaismus revidiert und die Juden als die »älteren Brüder im Glauben« anerkannt. Der Besuch des Papstes in der römischen Synagoge 1986 fand große Aufmerksamkeit und wurde allgemein als ein historisches Ereignis bewertet. Johannes Paul II. besuchte später auch Israel, und sein Nachfolger Benedikt XVI. machte sich auf den Weg nach Auschwitz.

Die Juden sind für die Christen die engsten Geschwister im Glauben. Mit den Gläubigen der anderen Religionen war das Verhältnis noch viel schwieriger: Sie galten eigentlich alle nur als »Heiden«, schienen also der Taufe bedürftig, um gerettet zu werden. Das Verhältnis der katholischen Kirche zu den anderen Religionen war jahrhundertelang von der Maxime geprägt: »Extra ecclesiam nulla salus« – »Außerhalb der Kirche kein Heil«. Wer nicht katholisch war, dessen Seele galt als verloren.

Erst im 20. Jahrhundert billigten fortschrittliche Theologen auch »Heiden« die Möglichkeit zu, bei moralischer Lauterkeit trotz des fehlenden Glaubens an Jesus Christus das Heil zu erlangen. Daraus entwickelte sich die Erkenntnis, dass die nichtchristlichen Religionen selbst Wege zum Heil sein können. Die katholische Kirche betonte 1965 in einem Dokument des Zweiten Vatikanischen Konzils (»Nostra Aetate«), dass sie an den anderen Religionen das Bemühen schätze,

> *der Unruhe des menschlichen Herzens auf verschiedene Weise zu begegnen, indem sie Wege weisen: Lehren und Lebensregeln sowie auch heilige Riten. Die katholische Kirche lehnt nichts von alledem ab, was in diesen Religionen wahr und heilig ist. Mit aufrichtigem Ernst betrachtet sie jene Handlungs- und Lebensweisen, jene Vorschriften und Lehren, die zwar in manchem von dem abweichen, was sie selber für wahr hält und lehrt, doch nicht selten einen Strahl jener Wahrheit erkennen lassen, die alle Menschen erleuchtet.*

Die Geschichte des Verhältnisses der christlichen Kirchen zu den anderen Religionen ist kein Ruhmesblatt. Doch im interreligiösen Dialog sind katholische Christen inzwischen die treibende Kraft. Sie führen diesen Dialog mit Juden, Muslimen, Buddhisten und anderen – stellvertretend für alle Christen. Denn an wen sollten sich die Nicht-Christen wen-

den, wenn es keinen Papst gäbe? Wer sonst könnte das Christentum repräsentieren und sich für Toleranz und Religionsfreiheit einsetzen?

Katholisch sein – ein Schicksal

Katholisch bin und bleibe ich,
Nichts soll mich von der Kirche trennen!
Sie liebt wie eine Mutter mich,
Und ich, ich darf ihr Kind mich nennen.
An ihrer Hand entgehe ich
Mit Gottes Gnade sicherlich
Dem ewigen Verderben.
Katholisch ist gut sterben!

Dieser etwas martialisch klingende Liedtext stammt aus der Zeit der Gegenreformation und ist nicht im allgemeinen Gesangbuch »Gotteslob« abgedruckt. Dafür finden wir dort ein anderes Lied, das das Selbstverständnis der katholischen Kirche zum Ausdruck bringt:

Ein Haus voll Glorie schauet / Weit über alle Land',
Aus ew'gem Stein erbauet / Von Gottes Meisterhand.

Gott! Wir loben dich; / Gott! Wir preisen dich;
O lass im Hause dein / Uns all' geborgen sein!

Papst Johannes Paul II. hat dieses Lied auf seinen Pilgerreisen nach Deutschland gehört und lieben gelernt. Er berichtete davon einmal deutschen Bischöfen und sagte: »Aus diesem Hymnus sprechen die Freude an der Kirche und auch der Stolz, zu dieser Kirche gehören zu dürfen.« – Kirche ist für Katholiken eben mehr als ein Verein, zu dem man gehört. Kirche ist Teil des Lebens.

Das aus ewigem Stein erbaute Haus soll Stabilität symbolisieren: die Kirche als Ort der Geborgenheit und Beständigkeit in bewegten und unruhigen Zeiten. Das in vielerlei Hinsicht umwälzende Zweite Vatikanische Konzil (1962–1965) wollte ein »aggiornamento« bewirken, eine »Verheutigung« ihrer Botschaft. Es beschrieb die Kirche lieber mit dem dynamischen Bild des »wandernden Volkes Gottes«. Wandern bedeutet, unterwegs zu sein, noch nicht angekommen zu sein. Die Kirche ist nicht das Reich Gottes, sondern ein Instrument, um dorthin zu gelangen.

Ein weiteres, ebenfalls sehr altes Bild sieht in der Kirche ein Transportmittel, nämlich das »Schifflein Petri«. Wer mit an Bord ist, wird gerettet. Nicht der Einzelne muss sich auf den Weg zu Gott machen. Der Katholik fährt mit allen anderen zusammen. Die Kirche als Schiff trägt ihn durch die Stürme der Zeit und die Wogen des Lebens. Außerdem erklärt dieses Symbol, warum bei uns Veränderungen so lange brauchen: Auch bei einem Ozeanriesen dauert es seine Zeit, bis das Drehen am Steuerrad eine Richtungsänderung bewirkt.

Ein letztes Bild noch prägt unser Verhältnis zur Kirche: das der Mutter. Die Mutter säugt das Kind an der Brust, versorgt es mit Nahrung und Liebe, aber sie erzieht auch, hebt skeptisch die Braue oder schimpfend den Finger. Doch auf die Mutter kann man sich immer verlassen.

Und wie man sein Leben lang das Kind seiner Mutter bleibt, ist es auch mit der Kirchenzugehörigkeit. Der alte Grundsatz lautet: einmal katholisch, immer katholisch. Schicksal! Das bedeutet nicht nur, dass, theologisch betrachtet, die Taufe unauslöschlich ist. Das Katholischsein – bei entsprechend intensiver Sozialisation – hinterlässt auch dann seine Spuren, wenn man mit der Kirche nichts mehr zu tun hat oder sie sogar durch Austritt verlassen hat. Es gibt in diesem Sinne katholische Atheisten, katholische Protestanten, katholische Muslime. Ich erlebte einmal einen Mann, der glücklich erzählte, er habe im katholischen Glauben keine Heimat gefunden, wohl aber im Buddhismus. Und dann legte er eine

Schärpe um, entzündete Räucherstäbchen, ließ Glöckchen erklingen und murmelte Mantras …

Der Rheinländer würde sagen: Schön isset, wenn ett schön iss. Übertragen: katholisch isset, wenn ett katholisch iss. Was aber ist katholisch? Alles, was »reinpasst«. Und da passt viel rein. Die Kirche hat in ihrer zweitausendjährigen Geschichte allerhand verkraftet und durchgemacht. Unter anderem überdauerte sie zwei große und zahlreiche kleinere Kirchenspaltungen. Sie überstand ihre Krisen, ihre dunklen Phasen. Sie überlebte ihre Päpste und Bischöfe. Das Haus, das voll Glorie schauet, ist gegründet auf einem unzerstörbaren Fundament, auf Christus selbst. Alles, was darauf gebaut ist, muss immer wieder erneuert, renoviert, restauriert, repariert, umgebaut werden, damit es den aktuellen Bedürfnissen der Zeit entspricht – damit Menschen in diesem Haus zu Hause sein können. Die Kirche braucht keine Angst vor Veränderung zu haben, da ihr Alter, ihre Festigkeit, ihre Rituale jene Kontinuität gewährleisten, die sie bis heute am Leben erhalten hat.

Wir brauchen das kämpferische Lied aus der Gegenreformation nicht mehr. Es atmet eine Mentalität, die uns heute fremd geworden ist. Der Anspruch, allein die Wahrheit zu besitzen, allein selig zu machen, erscheint heute nur mehr naiv. Aber wir haben ein großes Herz, in dem auch die Naiven einen Platz haben. So mögen sie singen:

Welch Glück, dass ich katholisch bin,
Und stets geschützt vor falschen Lehren!
Katholisch sein ist mein Gewinn,
Nie soll der Irrtum mich betören.
Katholisch bin und nenn ich mich,
Katholisch leb und sterbe ich;
so werd ich nicht verderben.
Katholisch ist gut sterben!

Was aber noch besser ist: Katholisch ist gut leben!

Nicht alles, was glänzt …

… ist auch Gold! Ehrlicherweise muss ich also gestehen: In meiner eigenen Kirche läuft auch nicht alles so glatt, wie wir manchmal tun. Und so leide ich bisweilen an meiner Kirche, bleibe ihr aber dennoch solidarisch treu.

Kritik aus Liebe

> *»Ein bübisches, hurerisches Leben führt ihr päpstlichen Bischöfe; im Blut und Schweiß der Armen mästet ihr eure Wollust und Prangen; mit Lügen und Trügen raubt ihr jedermann sein Gut; mit Bannen und Tyrannen martert ihr die Welt an Seele, Leib und Gut; das Evangelium predigt ihr nicht und tut nicht allein kein geistlich bischöfliches Amt, sondern wehrt und verbietet auch anderen zu predigen, verjagt und verfolgt sie; und seid doch dieweil nicht mehr denn gehässige, feindselige Larven, welche vor unerträglichen Bürden, Tyranneien, Untugenden, Schanden und Lastern die Welt nimmer kann noch will tragen.«*

Martin Luther erlegte sich bei dieser Tirade gegen die Bischöfe keine Zurückhaltung auf. Er zauderte nicht und bediente sich einer Ausdrucksweise, deren Diktion sich für ökumenische Konsultationen des 21. Jahrhunderts kaum noch gehört. Aus seinen zornigen Worten liest man die Resignation des Reformators heraus, seine Wut, seine Enttäuschung. Er klagt an, weil er eine Vorstellung davon hat, wie das bischöfliche Amt anders gestaltet werden könnte. Er geht in die Offensive, weil ihn die Kirche seiner Zeit leiden lässt. Luthers Kritik an den Bischöfen ist heute weitgehend überholt. Die modernen Episkopen gleichen eher Managern. Als »Bereichsleiter des Weltkonzerns katholische Kirche« haben

sie einen harten und arbeitsreichen Job zu meistern. Wenn sie in den Medien auftreten, fungieren sie als Aushängeschilder der Kirche in der Öffentlichkeit. Einige beziehen dann selbstbewusst und selbstkritisch Position. Andere wirken hilflos und unreif, können nur auf kirchenamtliche Verlautbarungen verweisen.

Doch ist eine »echte« Meinung gefragt. Sie darf dem Zeitgeist durchaus gegen den Strich gehen, wenn spürbar ist, dass derjenige, der sie vertritt, dahintersteht. Wem man anmerkt, dass er nur Antworten anderer weitergibt, die er selbst nicht teilt, der macht die schlechte Figur eines angepassten Karristen. Nichtkatholiken wollen wissen, woran sie bei uns sind. Und die Katholiken selbst bedürfen ebenso der Zusicherung, wie die Kirche sich positioniert. Da gibt es ja tatsächlich Spielräume, Ermessensgrenzen, Variationsmöglichkeiten. Die katholische Kirche ist kein einheitlicher grauer Betonblock, sondern ein buntes Haus, in dem das Leben rumort, in dem Leute ein und aus gehen und das ständig renoviert wird.

Es ist heutzutage ein Leichtes, die katholische Kirche zu kritisieren. Sie bietet genügend Angriffsflächen, um Kübel voller Vorwürfe über sie auszuschütten. Man bezichtigt uns aller möglichen Schandtaten, von den Kreuzzügen und der Inquisition über die Hexenverfolgung, die jahrhundertelange Verteufelung der Sexualität und die immerwährende Frauenfeindlichkeit bis zur wirtschaftlichen Ausbeutung in den unterentwickelten Gegenden dieser Welt.

Wie damit angemessen umgehen? Manches, was der katholischen Kirche angelastet wird, sollte gerechterweise relativiert werden. Denn einiges, was aus heutiger Perspektive betrachtet in der Vergangenheit falsch gelaufen ist, hing mit gesellschaftlichen oder wissenschaftlichen Anschauungen früherer Epochen zusammen. Es wäre ungerecht, der Kirche anzulasten, dass sie früher weniger gewusst hat als heute.

Es gibt aber auch vieles, wo wir tatsächlich nur unter Scham gestehen können: Ja, da hat die Kirche versagt. Da hat sie Fehler begangen. Da hat sie Schuld auf sich geladen.

Papst Johannes Paul II. hat während seiner Amtszeit einige Bekenntnisse abgelegt und öffentlich um Verzeihung gebeten: für den Sklavenhandel und den Fall Galilei; für das Unrecht an den Nichtkatholiken und die Grausamkeiten gegenüber den Juden. Das Motto des polnischen Papstes, ausgesprochen im Namen aller Katholiken, war: »Wir fürchten die Wahrheit nicht!«

Wer aber nicht Papst ist, der muss höllisch aufpassen, wenn er als Katholik die Kirche kritisiert. Sonst wird er schnell als Nestbeschmutzer abgestempelt, als Querulant. Man legt Kritik allzu leicht als Illoyalität aus. Das finde ich bedauerlich. Denn es macht doch einen Unterschied, ob jemand unqualifiziert die Kirche herabsetzt – oder aber aus Sympathie zu ihr mit ihr streitet. »Sympathie« heißt übersetzt: »Mitleiden«. Man kann an der Kirche leiden – und sich enttäuscht von ihr abwenden. Man kann aber auch an ihr leiden – und aus Liebe zu ihr bleiben.

Ich liebe die Kirche. Ich verteidige sie. Ich möchte mithelfen, dass in ihr das angebrochene Reich Gottes spürbar wird. »Jesus hat das Reich Gottes verkündet, gekommen aber ist die Kirche«, provozierte bereits 1902 der französische Priester und Bibelkundler Alfred Loisy. Die Kirche sollte nicht so tun, als wäre sie bereits das Reich Gottes. Aber zwei völlig voneinander unabhängige Größen sind Kirche und Reich Gottes auch wieder nicht: In der Kirche kann das Reich Gottes spürbar werden!

Allerdings sind in der Kirche der Gegenwart starke Kräfte am Werk, die das von Papst Johannes XXIII. geforderte »aggiornamento«, die »Verheutigung des Evangeliums«, bremsen wollen, aus Sorge um die Kirche. Die Rückwärtsgewandten trauern einer vermeintlich besseren Zeit nach. In Geheimbünden operieren sie an der Restaurierung eines überholten Kirchenbildes. Und wenn der Heilige Vater die Exkommunikation der Bischöfe der Piusbrüder aufhebt, so wird das wohl dem ehrenhaften Anliegen geschuldet sein, die verlorenen Söhne zurück ins Vaterhaus zu holen. Zu

befürchten ist jedoch, dass die Herren aus Marcel Lefebvres Bruderschaft nicht nur über die Sprache der Liturgie verhandeln, sondern alle Fortschritte des letzten Konzils rückgängig gemacht sehen wollen. Die Piusbrüder halten nämlich nichts von allgemeinen Menschenrechten, von der Religionsfreiheit, vom interreligiösen Dialog, von der Ökumene und so weiter. Diese Einstellung verträgt sich nicht mit der Weite, der Güte und der Würde der katholischen Kirche.

Es bleiben eine Menge Fragen. Sie zu stellen, sollte nicht als Kampfansage empfunden werden. Nicht derjenige, der auf einen Missstand oder ein Problem aufmerksam macht, ist der Böse. Mir ist bewusst, dass viele Dinge sich nicht von jetzt auf gleich erledigen lassen. Doch eine »Agenda« der anzugehenden Fragen könnte aufgestellt werden. Wenn dafür Themen gesammelt würden, hätte ich ein paar beizusteuern!

Ist etwa die Frage nach dem geistlichen Amt für Frauen wirklich in alle Ewigkeit geklärt? Können wir mit absoluter Sicherheit behaupten, Gott wolle das nicht? (Was auch bedeuten würde, die Protestanten versündigten sich mit der Ordination von Frauen.) Darf die Diskussion, ob Frauen zu Diakoninnen geweiht werden können, unter Theologen nur hinter vorgehaltener Hand geführt werden?

Ob Zölibat, Rechte der Laien, die Ratschläge zur Nutzung von Maßnahmen zur Empfängnisverhütung oder der Umgang mit Homosexuellen (ihnen ist mit Respekt zu begegnen, sie sollen ihre Neigung aber nicht leben) – unsere großen katholischen Ideale laufen Gefahr, von der Realität überholt zu werden (oder sind es gar längst). Das führt dazu, dass man sie nicht mehr ernst nimmt, sich am Ende darüber sogar lustig macht. Die Ideale aber stehen fest wie der Zionsberg, auch wenn die Wirklichkeit anders aussieht. Wir regeln den Alltag dann schon irgendwie …

Einer der Vorwürfe gegen meine katholische Kirche, der mich wirklich trifft, ist jener der Doppelmoral. Und warum trifft er so? Weil er möglicherweise da und dort zutrifft. Heuchelei bringt uns um! Wer soll uns als Kirche noch vertrauen?

Römisch-katholisch – das ist der Inbegriff der weltweiten Kirche. Diese ist aber in konkreten Pfarrgemeinden verortet. Und dort offenbart die Kirche bisweilen ein weniger freundliches Gesicht. Im katholischen Milieu der ehemaligen Volkskirche regieren nur zu oft der Kleingeist, die Tristesse und der Mief der Bürgerlichkeit. Wer da anfängt, von der »Guten Nachricht« zu schwärmen, die Jesus Christus den Menschen mit seinem Leben gebracht hat, wer da die Seligpreisungen als Maßstab anlegt, der wird schnell als unbequemer Spinner abgehakt. Man möchte gern unter sich bleiben, seine Feste feiern, einen dekorativen frommen Rahmen für Familienfeiern in Anspruch nehmen. Alles soll so bleiben, wie es seit eh und je war. Handlich, mundgerecht und leicht verdaulich möge sich dementsprechend die Verkündigung darstellen. Und jene Seelsorger, die des Kämpfens müde geworden sind und innerlich längst gekündigt haben, passen sich an, damit Ruhe ist.

An dieser Kirche leide ich. Doch ich weiß auch, es gibt eine andere Seite, es gibt die Gegenbeispiele, das blühende Leben, Mut und Opferbereitschaft, Heiligkeit und Freude am Dasein. Zur katholischen Kirche gehören Licht und Schatten. Ich danke für das Licht und akzeptiere die Schatten, mich bemühend, das Licht auch dorthin zu tragen.

Der Zölibat – alles auf eine Karte setzen

Was katholische Witze angeht, da steht das Thema Zölibat ganz oben auf der Hitliste. Hier prallen Ideal und Wirklichkeit oft herrlich aufeinander, und aus der Spannung zwischen der Ehelosigkeit der Priester und der mitunter anders gestalteten Realität lassen sich Späße machen. Doch so lustig ist das gar nicht.

Der Zölibat ist eine ernste, anerkennenswerte Sache: Das Versprechen, auf die Ehe zu verzichten (und damit nach katholischer Moral auf Sexualität und Familie) wird nicht ein-

fach nur abgelegt, um mehr Zeit für die Seelsorge zur Verfügung zu haben. Nein, dies geschieht um des Himmelreiches willen. Will sagen: Da verzichtet einer freiwillig auf das, was »normal« erscheint. Er geht die intensive Bindung der Ehe nicht ein, um ganz frei zu sein für den Dienst Gottes. Das ist eine Herausforderung, nicht nur für den Zölibatär. Er zeigt damit den anderen Menschen: Es ist möglich, alles auf eine Karte zu setzen!

Das provoziert bis heute. Niemand wird ernsthaft behaupten wollen, ein zölibatärer Seelsorger leiste bessere Arbeit als ein verheirateter. Schließlich gibt es verheiratete Priester in den orthodoxen Kirchen und die in ehelicher Gemeinschaft lebenden evangelischen Pfarrerinnen und Pfarrer. Der Zölibat ist kein Qualitätskriterium.

Doch wir werden ihm auch nicht gerecht, wenn wir ihn kurzerhand als obsolet, unmenschlich, irrational, überflüssig abtun. Seine Botschaft weist weit über unseren alltäglichen Kleinkram hinaus. Der Erzbischof von Köln, Joachim Kardinal Meisner, schrieb im November 2009 in seinem Hirtenbrief zum Priesterjahr über den Zölibat:

> *Die Ehelosigkeit um des Himmelreiches willen hält mitten unter uns die Sehnsucht wach nach der einen, endgültigen, vollkommenen Liebe. Der zölibatäre Mensch streckt sich mit seinem ganzen Dasein aus nach jener letzten Erfüllung, die nur Gott schenken kann. Der Zölibat ist deshalb ein Charisma, eine Gnadengabe, und damit ein kostbares Geschenk der Freiheit.*

Der so verstandene Zölibat ist ein Segen. Und ich bin dankbar, Priester zu kennen, die aus diesem Geist heraus den Zölibat leben können. Doch ich kenne auch andere. Solche, die vereinsamt und dadurch anfällig für den Alkoholismus geworden sind. Solche, die Freundinnen haben, oder solche, die schwul sind. Auch sie wollen Priester sein – und sie sind gute

Priester! Allein, das Versprechen der Enthaltsamkeit können sie nicht mehr erfüllen. Macht sie das zu gescheiterten Persönlichkeiten?

Wie ist es überhaupt zum Eheverbot für Priester gekommen? Aus der Bibel lässt sich der Zölibat nicht direkt ableiten, aber Keuschheit war schon zur Zeit Jesu in der griechischen Philosophie als Lebensideal bekannt. In der christlichen Kirche wurde die Ehelosigkeit »um des Himmelreiches willen« früh angeraten: Erstmals stand auf dem Konzil von Nicäa 325 der Zölibat auf der Tagesordnung. Bischof Paphnutius soll damals den Beschluss, ihn für alle Kleriker verbindlich zu machen, verhindert haben: Man dürfe dem Klerus kein so hartes Joch auferlegen. Zudem hatten zu Anfang des 4. Jahrhunderts viele der Amtsträger noch die Schrecken der Christenverfolgung erlebt.

In den folgenden beiden Jahrhunderten entstanden dann eine Reihe von Empfehlungen, Senatsbeschlüssen und Gesetzen – doch diese wurden nur lax angewandt. Grundsätzlich galt, dass wohl ein verheirateter Mann zum Priester ordiniert werden könne, jedoch ein Kleriker nach seiner Weihe nicht mehr heiraten dürfe.

Die Vorschrift von Kaiser Justinian verschärfte diese Praxis. Er bestimmte, dass ein Mann, der zum Bischof der Kirche ordiniert werden sollte, weder Frau noch Kinder haben dürfe: Ein Bischof betrachte die heilige Kirche als seine Frau und das christliche Volk als seine Kinder.

Zwei Motive lassen sich für die damalige Zölibatsdebatte ausmachen: Die religiöse Vorstellung verlangte vom Vorsteher eines Kultes sexuelle Reinheit. In der Nacht zum Sonntag mit der Ehefrau zu verkehren, war den Priestern schon lange untersagt. Da aber im 4. Jahrhundert die tägliche Feier des Gottesdienstes aufkam, wäre damit automatisch ein dauerndes Beischlafverbot verbunden gewesen. Neben dieser ideologischen Begründung wog aber die praktische noch schwerer: Das Vermögen der Kirche sollte weder durch Frauen noch durch Kinder geschmälert werden. Klerikern war es

nicht gestattet, über ihr Eigentum testamentarisch zu verfügen.

Die Praxis sah jedoch anders aus. Die Ehe von Priestern war der Normalfall. Papst Gregor VII. (im Amt 1073–1085) verschärfte die Zölibatsanordnung; er rief die Laien dazu auf, Gottesdienste verheirateter Priester zu meiden. Seine »Reform« setzte sich durch: Vielerorts verjagte man Priesterfrauen, lynchte »sündige« Kleriker, und Priesterkinder zählten als unfreie Sklaven zum Kirchenvermögen. Mit dem Zweiten Laterankonzil von 1139 wurden Priesterehen für nichtig erklärt und der Zölibat für alle Geistlichen verpflichtend; das Zweite Vatikanische Konzil bekräftigte den Beschluss 1965.

Das Problem ist sehr kompliziert und sollte einer polemischen Auseinandersetzung entzogen werden. Aber es ist nicht wegzudiskutieren: Die Priester, die den Zölibat einmal gelobt haben, aber nicht mehr halten können, müssen entweder ihr Amt aufgeben oder im Heimlichen ihre Beziehungen pflegen.

Geben die Priester ihr Amt auf, fehlen sie den Gläubigen. Ohne Priester keine Messe, ohne Messe fallen die Gemeinden auseinander. Wir brauchen die Eucharistie, wir brauchen die Priester dafür. Entscheidet sich ein Priester mit sexueller Beziehung dafür, weiterhin der Kirche zu dienen, bedeutet das natürlich, dass nichts öffentlich werden darf. Welch eine Schmach für die Frauen, für die Kinder! Das ist doch kein Zustand.

Es ist weiterhin anzunehmen, dass der derzeitige Priestermangel in Deutschland in einem Zusammenhang zur Zulassungsbedingung Zölibat steht. Immer weniger junge Männer lassen sich darauf ein. Die alten Priester sterben weg, junge rücken kaum noch nach. Die Bischöfe legen daraufhin die Pfarreien zu Großgemeinden zusammen, manche umfassen 20 000 bis 30 000 Katholiken. Erfahrene Priester drohen in diesem System verheizt zu werden.

Meine Frage lautet (und mit mir fragen Millionen von Katholiken so): Muss es eine zwangsweise Kombination von

Priestertum und Zölibat geben? Kann es nicht sein, dass jemand zum Priester berufen ist, aber nicht zum Zölibat? Es gibt ja auch Ordensleute, die freiwillig auf die Ehe verzichten und keusch leben, aber deswegen noch nicht Priester sind.

Der Zölibat ist ein Geschenk, eine Gnade. Doch sie wird nicht jedem automatisch zuteil, der das Priesteramt anstrebt. Priester, die den Zölibat nicht halten, schaden dem Ideal. Sie leben in einer unerträglichen Unwahrhaftigkeit. Und der echte, freiwillig aufgenommene und mit dem Herzen bejahte Zölibat droht seine Botschaft einzubüßen. »Die haben doch alle jemand«, meinte eine Protestantin zu mir. – »Nein«, entgegnete ich, »nicht alle. Aber einige doch. Darüber haben wir nicht zu richten.«

Notabene, sehen wir da ganz klar: Die Aufhebung des Zölibats würde nicht alle Probleme der Kirche auf einen Schlag lösen. Auch das sehen wir an den Orthodoxen und den Evangelischen. Da sind die Geistlichen frei zu heiraten, aber dennoch herrscht bei ihnen noch nicht das Paradies.

Trotzdem, das Thema lässt Katholiken nicht los.

Scheidung auf katholisch?

Wenn zwei Menschen einander das Jawort geben und heiraten, werden sie diese Entscheidung bestimmt im guten Willen getroffen haben, immer füreinander da zu sein, in guten wie in schlechten Zeiten. Als glaubende Menschen tun sie das im Vertrauen auf Gott, der wie ein »Dritter im Bunde« diese Lebensgemeinschaft trägt und begleitet. Die Brautleute versprechen einander Treue, bis der Tod eines der beiden Partner die Ehe scheidet. »Denn was Gott verbunden hat, das darf der Mensch nicht trennen«, heißt es im katholischen Trauungsritual.

Die auf Dauer angelegte Ehe einer Frau und eines Mannes ist keine Eigenart der Christen. Die katholische Kirche hat das öffentliche Bekenntnis des Ehebundes als Zeichen des

Glaubens gedeutet: Die Liebe der Eheleute zueinander sei ein Abglanz der Liebe Christi zu seiner Kirche. Das Sakrament der Ehe spenden sich nach katholischer Lehre die Eheleute selbst, das heißt gegenseitig. Im kirchlichen Ritus ist das Entscheidende die gegenseitige Konsenserklärung: »(Name), vor Gottes Angesicht nehme ich dich an als meine Frau / als meinen Mann.« Die anderen Riten – wie Ringtausch, Brautleutesegen – sind Zugaben des assistierenden Klerikers, der den vorgeschriebenen Ablauf überwacht und die Zeugen der Trauung auffordert, das Geschehene zu beurkunden. Die Ehe wird kirchenrechtlich aber erst durch den Beischlaf der Eheleute »vollzogen«.

Die Katholiken denken also groß von der Ehe. Sie trauen den Partnern einiges zu. Was aber, wenn's doch schiefgeht? Das Scheitern einer Ehe ist nicht vorgesehen. Da bleibt nur eine gewisse Sprachlosigkeit. Ein Bedauern. Und wenn die Ehe dann geschieden wird, darf man nach katholischer Vorstellung nicht erneut heiraten, weil nach kirchenrechtlicher Auffassung die erste Ehe (so unglücklich sie auch verlaufen sein mag) noch Bestand hat.

Erleichterung verspricht allein die Möglichkeit der Annullierung der Ehe. Dahinter steht die Ansicht, wenn die Ehe unter bestimmten Umständen geschlossen worden ist, sei sie ohnehin ungültig. Das ist beispielsweise der Fall, wenn einer der Partner zur Ehe gezwungen wurde, wenn er nicht erfassen konnte, was er verspricht, wenn er vom anderen getäuscht wurde. Immerhin, ein Ausweg. Ein G'schmäckle hat's freilich schon, Jahre nach der Hochzeit festzustellen, dass es gar keine Ehe gegeben hat … Doch diese Annullierungsprozesse dauern lang und sind mit peinlichen Befragungen verbunden. Und sie sehen nicht vor, dass Menschen sich verändern und somit *ent-scheidende* Umstände erst Jahre nach der Eheschließung eintreten.

Ich meine, die katholische Kirche sollte unbedingt an der Unauflöslichkeit der Ehe festhalten, denn sie gibt dieser Form des Zusammenlebens eine heilige Würde. Paare, die

es lang miteinander »ausgehalten« haben, werden zusammengeschweißt durch ihre Beständigkeit, allen Krisen zum Trotz.

Wer aber Schiffbruch erleidet, muss man den nicht retten? Wenn eine gültig geschlossene Ehe auseinanderbricht, sollen den Betroffenen nicht neue Perspektiven ermöglicht werden? Selbst Straftäter werden resozialisiert. Wir Menschen sind schwach. Wer eine neue Ehe eingeht, sollte der nicht eine neue Chance bekommen? Könnte nicht auch die Kirche ihm entgegenkommen und ihn stützen?

Wer geschieden ist und wieder heiratet, hat in der katholischen Kirche ein echtes, greifbares Problem. Er darf nämlich offiziell nicht an der Eucharistie teilnehmen. Er ist – und da klingt das Fremdwort kalt – exkommuniziert, ausgeschlossen! Vor Ort lassen sich da pragmatische Wege für die Betroffenen finden. Ich ersehne aber eine Klärung, die der komplizierten Wirklichkeit der Ehe in der modernen Welt gerecht wird. Dazu zählt eben auch die Möglichkeit des Scheiterns – doch wenn schon eine Ehe zerbricht, sollten nicht auch noch die ehemals miteinander Verheirateten zerbrechen.

Meine Hoffnung richtet sich auf die Barmherzigkeit Gottes. Gott verzeiht dem Sünder, der aufrichtig bereut. Könnte nicht auch die Kirche Zeichen der Barmherzigkeit setzen?

Der Protestant – das unbekannte Wesen

Das Wissen der Katholiken über die Protestanten ist gering, es überwiegen Vorurteile und Klischees. Besonders schmerzlich tritt diese Unkenntnis oft bei katholischen Amtsträgern zutage. In ihren Predigten oder Ausführungen stellen sie bisweilen Behauptungen auf, die schlicht und ergreifend falsch sind. Ich will ja niemandem unterstellen, er würde absichtlich Unwahrheiten verbreiten wollen. Unabsichtlich jedoch geschieht dies leider häufig.

Die Ökumene ist ein zu hohes Gut, um sich leichtfertig mit katholischem Gehabe über sie lustig zu machen. Der Herr selbst hat uns zur Einheit gerufen. Ökumene ist kein Luxusartikel, auf den man auch verzichten kann. Ökumene gehört zur Basis und wird eine Zukunftsaufgabe für das dritte Jahrtausend sein. Wie wollen wir als getrennte Christenheit einer sich immer kirchenkritischer gebenden Welt glaubwürdig das Evangelium verkünden, wenn wir uns in innerkirchlichen Konflikten aufreiben?

Es gibt auch Katholiken, die es gut meinen und frohlocken, wir glaubten doch alle an den gleichen Gott, und die Unterschiede seien vernachlässigbar. Im Kern haben sie recht. Allerdings kann sich hinter dieser Haltung auch eine verdeckte Gleichgültigkeit verbergen. Und eine dauerhafte Ökumene funktioniert so nicht. Dafür muss man sich zusammensetzen, um sich dann auseinanderzusetzen.

Um sich annähern zu können, braucht es Begegnung. Um sich begegnen zu können, braucht es Offenheit. Um offen sein zu können, braucht es einen Willen, ein Entgegenkommen und auch Eifer. Selbstverständlich dürfen, ja sollen die Gesprächspartner ihre konfessionelle Identität mitbringen. Doch um einander besser verstehen zu können, muss man erst einmal wertneutral feststellen, wie die anderen eine Sache sehen.

Katholiken aber verirren sich selten in einen evangelischen Gottesdienst. Katholische Theologen sind mit evangelisch-theologischen Ansätzen kaum vertraut. Man sieht im Protestantismus irgendwie einen defizitären Katholizismus, also die eigene Kirche, der in evangelischer Ausprägung eine Menge fehlt. So kommen wir nicht weiter. Evangelische Christen sind nicht unsere Konkurrenten oder gar Gegner, es sind unsere Schwestern und Brüder. Wer Geschwister aus Fleisch und Blut hat, der weiß, wie unterschiedlich man sein kann, obwohl die Eltern die gleichen sind.

Die offiziellen Signale aus dem Vatikan peilen vor allem die Ökumene mit den Orthodoxen an. Mit ihnen scheint eine Annäherung in theologischen Fragen wie denen nach der

Stellung der Kirche, des Amtes und der Sakramente einfacher zu sein. Doch betrachten wir die Wirklichkeit der Orthodoxie: Können wir diese Art, Kirche zu sein, heute noch teilen? Die orthodoxen Kirchen geben sich in manchen Ländern sehr klerikal, erheben den Anspruch, alle Bereiche des Lebens der Gesellschaft mit religiöser Autorität regeln zu wollen, oder verstehen sich als heiliger Rest in einer säkularen Welt. Diese Haltung hatten wir Katholiken doch mit dem Zweiten Vatikanischen Konzil überwunden, wollten fortan »Kirche in der Welt von heute« sein. Notabene, »in« der Welt, nicht über oder neben ihr.

Den Anglikanern öffnete man in Rom weit die Pforten. Sie mögen willkommen sein. Doch welche Anglikaner wollen konvertieren? Jene, die eine besonders konservative Sicht in der Ämter- und Moraldiskussion einnehmen, die beispielsweise die Ordination von Frauen und Homosexuellen ablehnen. Katholischsein bedeutet mehr!

Die ökumenischen Beziehungen zu Orthodoxen und Anglikanern sind weltkirchlich von Bedeutung. In Deutschland aber zählt der Dialog mit den Protestanten. Und der geht nur schleppend voran. Gegenseitige Sticheleien führen uns nur in den Schmollwinkel. Ich wünsche mir ein beherzteres Vorgehen unserer Bischöfe, der Seelsorger und Laien. Ja, es gibt Vorgaben von höchster Stelle, die zu beachten sind. Etwa, wenn es heißt, die evangelische Kirche sei keine Kirche, sondern nur eine Glaubensgemeinschaft. Dann jubelt der deutsche Episkopat nicht im Chor; manchen ist das peinlich.

Oder in Sachen Interkommunion. Es gibt verschiedene Sichtweisen. Die einen sind überzeugt, dass die gegenseitige Einladung zur Kommunion und zum Abendmahl die Einheit fördere. Die anderen meinen, dass wir uns diese höchste Form des Miteinanders aufsparen sollen bis zur tatsächlich gefundenen Einheit. Aber reden dürfen wir doch darüber!

Auf Gemeindeebene wird es ohnehin anders praktiziert. Wenn evangelische Christen zur Kommunion vortreten, wer soll ihnen den Empfang verweigern? Bin ich als Spender der

Richter über den rechten Glauben? Selbst Kardinal Ratzinger hat Frère Roger, dem evangelischen Prior der ökumenischen Mönchsgemeinde von Taizé, bei der Beerdigungsmesse für Papst Johannes Paul II. die Hostie gereicht. Doch jene Priester, die auf dem ökumenischen Kirchentag in Berlin evangelische Christen zur Kommunion einluden oder selbst als Katholiken am evangelischen Abendmahl teilnahmen, bekamen ziemlichen Ärger mit der Hierarchie. Ist das der angemessene Umgang mit diesen heiklen Themen?

Eine Menge ist in der Ökumene möglich. Gottesdienste, Feste, gemeinsame Pfarrzentren, Büchereien, Chöre, Ferienfreizeiten, Gesprächsabende, Bibelstunden, Seniorengruppen, soziale Aktionen … Thema der Ökumene ist nicht immer der theologische Dissens, sondern ebenso das gemeinsame Tun. Einfach machen!

Die Ökumene ist keine Autobahn, sondern ein Gebirgspfad. Ihn zu gehen, ist nicht bequem, sondern mühselig. Es braucht einen langen Atem. Es bedarf bei uns der Bereitschaft, zu schauen, zu hören, zu spüren, was eigentlich evangelisch ist. Es bedarf der Bereitschaft, Neues zu entdecken, Erfahrungen zu sammeln, das Wissen zu vermehren. Und der schmerzhaften Erkenntnis, dass wir nicht alles besser können, obwohl wir doch katholisch sind.

Die roten Kirschen jenseits des Zaunes …

Protestanten vor dem Herrn! Einiges habe ich an euch kritisiert – und am Ende gebe ich nun zu, euch um manches davon sogar zu beneiden. Ein Widerspruch? Ach, in jedem beherzten Dialog gibt es Dinge, die mit dem Kopf allein nicht zu fassen sind. Die evangelische Kirche ist der katholischen mitunter voraus. So zieht in der Ökumene einer den anderen mit.

Sehnsucht nach dem »Markt der Möglichkeiten«

Der Protestantismus gleicht ab und zu Kartoffelpuffern, die mit zu wenig Öl in der Pfanne gebraten werden. Sie schmecken etwas trocken. Doch der Katholizismus geht so verschwenderisch mit dem Öl um, dass einem die fettigen Dinger schwer im Magen liegen … Der katholische Triumphalismus ist mir manchmal höchst unangenehm, wenn zu dick aufgetragen wird und der Eindruck entsteht, wir hielten uns tatsächlich für die »besseren« Christen. Da mangelt es an Bescheidenheit und Selbstkritik, die euch Evangelische auszeichnet. Eure Kirchengebäude, Gottesdienste, öffentlichen Auftritte – alles zeigt sich eine Spur zurückhaltender, als wir es von unserer Kirche gewohnt sind. Das empfinde ich als wohltuend.

Vieles geht bei euch unkomplizierter zu als bei uns, offener, weniger reglementiert. Man schielt nicht dauernd »nach oben«, was wohl der Bischof und der Papst zu einer Sache sagen mögen. Da kann man als Katholik richtig sehnsüchtig werden nach protestantischer Selbstbestimmung und Freiheit.

Ihr haltet ein gerüttelt Maß an Unterschiedlichkeit aus, zwingt nicht zur Uniformität, sondern ermutigt zur indivi-

duellen Entfaltung – des einzelnen Gläubigen wie der Gemeinden. Was uns oft unübersichtlich erscheint, lockt auch als ein großer »Markt der Möglichkeiten«, wie es immer auf dem Evangelischen Kirchentag heißt. Evangelisch sein hat viele Formen und Gesichter.

Es ist bei euch nicht entscheidend, geistlicher Amtsträger zu sein, um in der Kirche wirklich entscheiden zu können. Als Presbyter oder Synodaler könnt ihr den Weg der Gemeinde und der Landeskirche verantwortlich mitgestalten. Und weil nicht alle Lösungen für eine internationale Weltkirche gefällt werden müssen, ist eine größere Flexibilität möglich. Praktische Ergebnisse zählen.

Ihr Protestanten habt den »konziliaren Prozess für Frieden, Gerechtigkeit und Bewahrung der Schöpfung« vorangetrieben. Kirche ist man eben nicht nur für sich selbst, sondern auch für andere: Die Verantwortung für die Welt nehmt ihr ernst und reagiert auf Probleme der Gesellschaft meistens schneller als der schwerfällige Katholizismus.

Eure Treue zur Heiligen Schrift dämmt den religiösen Schwulst ein, der bei uns bisweilen wuchert. Was an religiösem Kitsch im »Königreich Katholien« blüht, strapaziert das Evangelium bisweilen arg. Sowohl die sichtbaren Devotionalien als auch die geglaubten, selbstgestrickten Inhalte mancher Frömmigkeitsformen stehen nicht selten in Widerspruch zum offiziellen Bekenntnis der Kirche. So haben Okkultismus, Magie und anderer Wunderhokuspokus eine Art angestammtes Heimatrecht im traditionsverbundenen Katholizismus. Welch ein Segen, die evangelische Form des Christentums bewahrt in der Regel einen klaren Kopf und bevorzugt einen rationalen Zugang zur Theologie.

Was nicht bedeutet, die Ausdrucksformen des Glaubens seien immer nur kühl. Ich habe auch sehr lebendige, fröhliche, bewegende evangelische Gottesdienste mitfeiern dürfen. Sie erstarren nicht in Ehrfurcht vor einer einzuhaltenden Liturgie. Die Gebete sind oft moderne Texte, deren Diktion unserer tatsächlich gesprochenen Sprache angepasst ist. Da konnte ich

guten Gewissens »Amen« sagen, weil mir zugänglich war, was gebetet wurde. Bei uns hören sich die offiziellen Gebete manchmal so heilig an, dass sie kein Mensch mehr versteht.

Die evangelische Kirche hat allen Kirchen neue Lieder geschenkt, die heute zum Standardrepertoire aller Christen hierzulande gehören. Sie pflegt ihre manchmal schwülstigen Lieder, denen man die Patina der Jahrhunderte anmerkt, doch sie hat auch sakrale Musik zugelassen, die in die Ohren junger Menschen eingehen kann. Und natürlich überstrahlt die ganze evangelische Kirchenmusik der Meister Bach, dessen Werke bis heute anrühren, über alle Konfessionsgrenzen hinweg. Vielleicht kann man Johann Sebastian als den größten Missionar des Protestantismus begreifen: Er erreicht heute noch Menschen, bei denen unsere überkommene Verkündigung nicht mehr ankommt.

Im evangelischen Gottesdienst kann ich die Predigt einer Pfarrerin hören. Welch ein Gewinn! Die Sichtweise von Frauen bringt weibliche Deutungen zur Sprache und öffnet Augen, Ohren und Herzen für Zugänge zum Glauben, die sonst unentdeckt blieben. Zudem sind eure Geistlichen meistens verheiratet, können also die Erfahrung und das Wissen um die Freude und die Belastungen von Ehe und Familie in die Seelsorge einbringen.

Schließlich ladet ihr alle Christen zum Abendmahl ein, nicht nur jene der eigenen Konfession. Manche von uns Katholiken nehmen dies dankbar an. Andere nehmen aus Treue und Gehorsam zur eigenen Kirche nicht teil. Für Paare, bei denen ein Teil evangelischen und der andere katholischen Glaubens ist, stellt dies eine trostreiche Möglichkeit der Begegnung dar. Eure Einladung zum Abendmahl macht auf jeden Fall Mut auf dem Weg der Ökumene. Sie kommt einer Verheißung gleich: Wir halten daran fest; das Trennende wird schwinden, das Verbindende zunehmen. Und eines wunderbaren Tages ist es so weit, dann entspricht das gemeinsam empfangene Sakrament der erreichten Einheit.

Bis dahin ist eure Kirche noch nicht diejenige, in der alles

problemlos läuft, und in der Tat sehe ich in manchen Bereichen gravierende Unterschiede. Aber andererseits eben auch Gelungenes, wie die Barmherzigkeit gegenüber der menschlichen Schwachheit. Sie äußert sich positiv im Umgang mit Geschiedenen. Auch ihr bedauert es, wenn eine Ehe zerbricht. Aber ihr richtet nicht und lasst menschenfreundliche Nachsicht walten. Ihr scheut euch nicht, eine Frau wie Margot Käßmann zur Ratsvorsitzenden der EKD zu wählen; ihre Scheidung war kein Ausschlusskriterium für diesen hohen Posten. Mit diesem Bruch in ihrer Biographie kann sie dennoch den deutschen Protestantismus repräsentieren. Und auch als die Russisch-Orthodoxen damals den Abbruch der Beziehungen zur evangelischen Kirche androhten, weil sie eine Frau im bischöflichen Amt ablehnen, ließt ihr euch davon nicht beeinflussen und tatet, was ihr für richtig hieltet.

Oft ist der Protestantismus näher am Puls der Zeit als wir Katholiken, nicht so dem verklärten Blick in die Vergangenheit verhaftet. Der Preis dafür darf kein fehlendes Geschichtsbewusstsein sein, als reiche das evangelische Christentum nur bis zur Reformation zurück. Dann wärt ihr längst verblüht. Es braucht die Verbindung zur Wurzel, zum Anfang. Doch ihr lasst mutiger das Hergebrachte los und hegt keine Berührungsängste mit der Gegenwart. Das sollte sich nicht in Anbiederei an jede Mode ausdrücken, und unkritischer Fortschrittsgeist ist fehl am Platze. Aber von eurer Aufgeschlossenheit für das Lebensgefühl der Zeitgenossen des 21. Jahrhunderts, ihrer Glücksphantasien und Sorgen, ihrer Moral und Sprache können wir Katholiken etwas lernen. Mögen auch nicht alle Versuche eurerseits, auf die Fragen von heute angemessene Antworten zu geben, von Erfolg gekrönt sein – euer Bemühen verdient Anerkennung und Respekt.

Seid stark und selbstbewusst, geschätzte Protestanten, damit ihr im Dialog mit uns Katholiken echte Partner seid, mit denen zu ringen und zu streiten sich lohnt. Bewahrt das Erbe

der Reformation, das zum Erbe des ganzen Christentums zählt. Und wenn die Kirche es sich wieder bequem macht und das Wort des Herrn vergisst, verdrängt, verdreht – dann mahnt, wie es einst Martin Luther tat. Er suchte den gnädigen Gott: Bereitet ihm eine Straße ins Heute.

Viele Kirchen, eine Kirche

Zum Dialog der Konfessionen gibt es keine Alternative. Ökumene ist keine Zukunftsvision, sondern Gegenwart. Alles ökumenische Bemühen bedarf der Intensivierung, denn ohne das Miteinander der Kirchen wird das Christentum kaum überleben. Deswegen darf nicht das Trennende den Ton angeben, sondern das, was uns verbindet: unser gemeinsamer Glaube.

Gibt es im Himmel noch Katholiken und Protestanten?

Eine geradezu peinlich naive Frage! Wir nutzen das Wort »Himmel« ja als Inbegriff für den Zustand, ganz in Gottes Gegenwart zu sein. Das erhoffen wir nach dem Tod, und das ist auch für Augenblicke bereits in diesem irdischen Leben möglich. Wenn wir also im Himmel sind, dann ist doch die Frage nach der Konfession absurd, vollkommen überflüssig. Allein, jeder Tag bringt die Erkenntnis: Wir sind noch nicht im Himmel. Und deswegen müssen wir uns neben zahlreichen anderen Unannehmlichkeiten mit der Trennung der Christenheit in verschiedene Kirchen auseinandersetzen.

In der Vergangenheit führten ehrliche, aufrichtige Glaubensdiskussionen (oft genug gepaart mit handfesten politischen Interessen) zu einer Aufspaltung der Christenheit in vielerlei Gemeinschaften: Katholiken, Orthodoxe, Anglikaner, später Altkatholiken, und natürlich die Protestanten in ihren bunten Schattierungen.

Nun können wir sagen: »So ist es! Wir haben uns das nicht ausgesucht! Wir treten das Erbe der Kirchengeschichte an.« Immerhin sind die Zeiten vorbei, da man sich gegenseitig bekämpfte oder verdammte. Und so bemühen wir uns heute um das, was wir »Ökumene« nennen: Nicht immer nur auf

das schauen, was die Kirchen voneinander trennt, sondern betonen, was alle Christen miteinander verbindet. An so vielen Orten funktioniert das ökumenische Miteinander und baut phantasievoll Brücken über theologische Gräben hinweg. Die Theologen ihrerseits haben in den letzten Jahrzehnten dankenswerterweise eine Menge Aufwand betrieben, um den Gemeinsamkeiten mehr Gewicht als dem Trennenden zu verleihen. Einiges bleibt. Bei Eucharistie und Abendmahl sind wir – leider – noch nicht so weit. Das ist zutiefst beschämend und nicht durch den Hinweis auf theologische Spitzfindigkeiten zu entschuldigen.

Können wir einfach hinnehmen, dass es so ist, wie es ist, mit der Trennung der Kirchen? Leiden wir noch unter der Spaltung? Merken wir gar nicht, dass wir nicht nur gegen den Willen des Herrn verstoßen, sondern uns auch einen unglaublichen Luxus leisten?

Es fällt durchaus ins Gewicht, was uns theologisch und praktisch trennt. Aber mit der Trennung der Kirchen legen wir vor der Welt kein rühmliches Zeugnis ab. Für den normalen Menschen unserer Tage ist doch kaum verständlich, warum wir – die wir konfessionsübergreifend immer weniger werden – uns noch aufspalten.

Der Weg zur Einheit kann nicht in der »Rückkehr-Ökumene« liegen mit dem Ziel, die evangelische müsste wieder Teil der katholischen Kirche werden. Auch ist ein Kirchen-Cocktail nicht erstrebenswert, bei dem wir irgendwie die Riten und Traditionen vermischen. Das Ziel wird in der »versöhnten Verschiedenheit« liegen: Katholiken, Orthodoxe und Protestanten pflegen ihre Riten, Traditionen und theologischen Ansichten, und sie bleiben ihnen treu – aber sie öffnen sich geschwisterlich den anderen. Einheit in der Vielfalt!

Es wird immer Bremser geben, Bedenkenträger, Ängstliche, die fürchten, ihre konfessionelle Identität könnte aufgeweicht werden. Dabei ist dieser Prozess doch längst im Fluss. Die Katholiken haben beispielsweise von den Evangelischen

das Bibellesen gelernt. Die Evangelischen hingegen übernahmen von den katholischen Christen manche Symbole für ihre Liturgie. Die Katholiken sind also evangelischer, die Evangelischen katholischer geworden. Die Gräben verlaufen nicht nur zwischen den Konfessionen, sondern mitten durch sie hindurch: Ökumeniker und Traditionalisten stehen einander gegenüber.

Im Himmel wird es eh keine Konfessionen mehr geben – da gibt es nur noch Erlöste in der Gegenwart des liebenden Gottes. Das wird uns mit Leichtigkeit und Barmherzigkeit auf unser Gelingen und Versagen in der irdischen Ökumene zurückblicken lassen.

Aber noch sind wir Gäste auf Erden. Als solche ruft Gott uns auf, gemeinsam das Evangelium in der Welt zu verkünden, an der Verwirklichung seines Reiches mitzuarbeiten, uns einzusetzen für Frieden, Gerechtigkeit und die Bewahrung der Schöpfung. Anders gesagt: voller Hoffnung die Liebe Gottes erfahrbar zu machen.

Richten wir den Blick auf dieses Ziel, wird Ökumene gelingen. Ganz nebenbei. Und selbstverständlich.